石河子大学经管学术文库

➤ 石河子大学哲学社会科学优秀学术著作出版基金资助
➤ 国家自然科学基金青年项目"投资者异质信念与企业创新行为：基于管理层理性与非理性双重情境的研究"（项目编号：72103144）
➤ 教育部人文社会科学研究项目"多源媒体情绪传播对企业策略性专利行为的影响及机制研究"（项目编号：21YJA790077）
➤ 石河子大学青年创新拔尖人才项目"企业创新策略选择对商业信用供给的影响及机制研究"（项目编号：CXBJ202210）

投资者异质信念与企业创新行为：

基于管理层理性与非理性双重情境的研究

张　静　吴春贤◎著

INVESTORS' HETEROGENEOUS BELIEFS AND
CORPORATE INNOVATION BEHAVIOR:

A STUDY BASED ON THE DUAL SITUATIONS OF
MANAGEMENT'S RATIONALITY AND IRRATIONALITY

经济管理出版社
ECONOMY & MANAGEMENT PUBLISHING HOUSE

图书在版编目（CIP）数据

投资者异质信念与企业创新行为 ： 基于管理层理性
与非理性双重情境的研究 ／ 张静，吴春贤著. -- 北京 ：
经济管理出版社，2024. -- ISBN 978-7-5243-0164-6

Ⅰ . F279.23

中国国家版本馆 CIP 数据核字第 20254RK518 号

组稿编辑：曹　靖
责任编辑：杜　菲
责任印制：张莉琼
责任校对：王淑卿

出版发行：经济管理出版社
　　　　　（北京市海淀区北蜂窝 8 号中雅大厦 A 座 11 层　　100038）
网　　址：www. E-mp. com. cn
电　　话：（010）51915602
印　　刷：唐山玺诚印务有限公司
经　　销：新华书店
开　　本：720mm×1000mm/16
印　　张：12.75
字　　数：196 千字
版　　次：2025 年 3 月第 1 版　　2025 年 3 月第 1 次印刷
书　　号：ISBN 978-7-5243-0164-6
定　　价：88.00 元

目　录

第一章 绪论

第一节 研究背景及问题的提出

随着经济全球化以及知识经济的不断发展，国际市场竞争日趋激烈，创新越来越成为一国综合国力竞争的焦点。自 2010 年以来，我国已成为经济规模仅次于美国的第二大经济体，然而经济高速增长的同时也凸显了高损耗、低效率的问题，我国企业提高生产技术水平、进行自主创新变得至关重要。党的十九届四中全会强调："建立以企业为主体、市场为导向、产学研深度融合的技术创新体系，支持大中小企业和各类主体融通创新，创新促进科技成果转化机制。"由此，企业创新问题成为近年来的研究热点。国内外学者研究企业创新的成果丰富，大多从实体经济层面关注企业创新问题，如从宏观层面的产业政策（黎文靖和郑曼妮，2016）、税收优惠（李维安等，2016）、政府补助（毕晓方等，2017；邹洋等，2019）、混合所有制（王业雯和陈林，2017）、政治关联（苏屹等，2019），到中观层面的市场竞争（徐伟等，2017）、客户集中度（孟庆玺等，2018），再到微观层面的融资约束（Guariglia 和 Liu，2014；张璇等，2017）、现金持有（蒲文燕和张洪辉，2016；刘波等，2017）、公司治理（方军雄等，

2016；孔东民等，2017；刘宝华和王雷，2018）等方面探寻影响企业创新的因素，有关金融领域的影响因素仅涉及金融市场（金融发展、资本市场开放、卖空机制）、股票特征（股票流动性、股票错误定价）等方面，对资本市场中的投资者这一重要市场参与主体关注不足。

企业创新活动的资金需要量巨大，作为提供资金来源和直接影响股价的群体，外部投资者必然是影响企业管理层创新投资决策的重要主体。行为金融学的大量证据表明，投资者并非完全理性，投资者有限理性特征会直接影响其投资行为和股价，所以不管是出于企业价值最大化还是个人效用最大化的需要，管理层在创新决策时都会关注投资者有限理性特征，换言之，投资者的有限理性特征是影响管理层创新决策的重要因素之一。现有针对投资者有限理性特征对企业创新影响的研究仅涉及投资者关注、投资者情绪，忽视了投资者的异质信念。投资者异质信念是行为金融学中特有的概念，与传统金融学的投资者"同质预期"的观点不同，行为金融学认为无论是由于投资者处理信息的能力有差别，还是信息不对称使得投资者获取的信息有差别，均会导致投资者对企业未来的预期呈现出较大差异。这种不同投资者对相同股票未来收益分布估计的差异性，就是异质信念，也称为意见分歧（Miller，1977），异质信念既不会随机偶然发生，也不会因为理性投资者的套利行为而消失，因此异质信念长期存在。当前，我国资本市场中个人投资者占主导，致使投资者信息能力整体偏低，意见分歧偏大（丁慧等，2018）[①]。相对于投资者在某些市场状态下呈现出短期的"一致性"情绪，投资者异质信念反映出的意见"分歧性"更为常态化，研究管理层创新投资决策如何受到投资者异质信念而不是受到投资者情绪的影响更具现实性。另外，从投资者关注到投资者情绪再到投资者

---

① 据 2020 年 3 月 28 日发布的《2019 年度全国股票市场投资者状况调查报告》显示，截至 2019 年 12 月 31 日，我国股票投资者中自然人投资者占比 99.76%。直观反映投资者意见分歧的换手率指标高达 15.8%。

异质信念这三个有限理性典型特征产生的顺序来看①，相对于投资者心理过程起点的投资者关注，心理过程终点的异质信念才是企业管理层创新投资决策之前，在面对投资者的有限理性特征时更直接面对的也是更值得参考的因素。根据传统财务学研究的假设前提，管理层决策时始终保持"理性经济人"特征，而行为财务学认为，在现实世界中，由于认知资源的有限性及真实决策环境的不完备性和复杂性，管理层的决策和判断并非完全理性，所以，在研究投资者异质信念对企业创新行为的影响时，仅关注管理层理性情境是不全面的，有必要将管理层理性与非理性双重情境纳入同一框架进行研究。

基于我国依靠创新推动经济转型、新兴资本市场投资者异质信念突出的现实背景，投资者异质信念对企业创新行为②究竟存在怎样的影响？其影响机制是什么？在此种机制作用下具体影响的是哪种创新类型？存在何种经济后果？这是目前亟待解决并需要深入研究的重要问题。具体需要讨论的问题是：在现阶段我国资本市场融资融券制度已经推出但并未实质性放松卖空限制的情况下，投资者异质信念导致股价被高估，即股权融资成本降低，这对于需要筹集大量资金才能完成的创新投资，无疑是创新项目融资的有利时机，理性决策情境下的管理层是否会抓住低成本股权融资时机积极创新？此外，在管理层非理性决策情境下，管理层对投资者意见分歧往往产生非理性的认知偏差，当识别出外部投资者对企业持有积极和消极预期的意见分歧后，非理性的管理层是否会产生情绪反应，并根据直接的情绪反应调整创新投资决策？以上理性与非理性情境下的管理层根据投资者异质信念分别决策的具体是什么类型的创新，最终有没有实现创新价值？

---

① 基于心理学发展而来的行为金融学认为，投资者的心理过程包括认知过程、情绪过程、意志过程，关注是认知的起点，情绪是认知引发的阶段性结果，心理决策经过认知过程、情绪过程之后进入意志过程，投资者会在认知和情绪的基础上对股票收益分布产生不同判断，形成异质信念这一最终结果。

② 一般而言，企业创新行为主要指企业创新决策者经过决策作出的制度创新和技术创新行为，本书特指作为企业创新决策者的管理层经过决策作出的技术创新投资行为。

基于此，本书借鉴行为金融学、传统财务学、行为财务学①的前沿成果，基于资本市场与企业财务决策之间的联动关系，构建"投资者异质信念—管理层创新投资决策—创新价值效应"的研究思路，系统探讨投资者异质信念对企业创新行为的影响。首先，将投资者异质信念嵌入传统财务学，在管理层理性情境下，探索投资者异质信念影响企业创新行为的"融资成本效应"传导机制，分析该传导机制作用的发挥是否受到融资约束程度的影响差异，以及该机制作用下投资者异质信念具体影响的企业创新类型。其次，为更加接近真实的资本市场环境，将投资者异质信念嵌入行为财务学，放松管理层"理性人假设"，在管理层非理性情境下，挖掘投资者异质信念对企业创新行为的"管理层情绪效应"传导机制，分析该传导机制作用的发挥是否受到股权分散程度和高管异质性的影响差异，以及该机制作用下投资者异质信念具体影响的企业创新类型。最后，综合以上两种情境，从商业信用的角度深入分析投资者异质信念影响企业创新行为的经济后果。

第二节　研究意义

本书研究投资者异质信念对企业创新行为的影响、影响机制及经济后果，可以为我国企业创新行为相关研究提供必要的理论依据，具有重要的理论意义，同时也为促进资本市场服务实体经济的国家战略实现提供对策建议，具有重要的实践意义。

---

　　① 行为金融学相对于传统金融学，放松了投资者理性的假设。行为财务学相对于传统财务学，放松了管理者理性的假设。行为金融重点研究金融市场行为或信息与价格变化所表现出的投资者行为；行为财务重点研究公司财务行为或信息与价格变化所表现出的管理者行为（饶育蕾和蒋波，2013）。

一、理论意义

第一，基于资本市场与企业财务决策之间的联动关系，研究投资者异质信念对企业创新行为的影响，拓展了企业创新行为影响因素的研究视角。本书将行为金融学中的投资者异质信念概念分别嵌入传统财务学及行为财务学的研究框架，基于资本市场与企业财务决策间的联动关系，直接考察作为资本供给方的投资者的意见分歧对企业管理层相应调整创新投资策略的影响，是企业创新行为影响因素研究视角的重要拓展。

第二，基于管理层理性与非理性双重情境深入探究投资者异质信念对企业创新的影响机制，弥补了传统财务学对管理层理性单一情境模式研究的不足。本书探究出管理层理性情境下的"融资成本效应"及管理层非理性情境下的"管理层情绪效应"两条主要影响机制，又将"融资成本效应"细化为低成本股权融资时机与低风险补偿时机两条子机制，分别考察它们在不同股权融资的依赖程度、不同投资者结构的企业中的影响差异。还将"管理层情绪效应"细化为乐观情绪效应及悲观情绪效应两条子机制，进一步分析其在不同股权集中度、不同产权性质企业中的影响差异，这是投资者异质信念对企业创新行为影响机制的全面而深入的探究。

第三，将中观层面资本市场投资者有限理性与微观企业管理层决策两个层面相结合，研究延伸至投资者异质信念对企业管理层创新类型选择的影响及其价值效应分析，是对中观问题的微观考察，同时也拓展了投资者异质信念研究的外延。本书将中观层面资本市场投资者异质信念切入微观层面的企业创新决策，研究延伸至探讨投资者异质信念影响管理层创新决策的经济后果，具体表现在其影响管理层选择不同的创新投资类型以至产生不同的价值效应，这是中观问题在微观层面的延展与细化，有效地拓展了投资者异质信念研究的外延。

二、实践意义

第一，聚焦金融影响企业创新问题，研究投资者异质信念对企业创新行为的影响，有助于资本市场服务实体经济的国家战略实现。随着我国经济进入新常态发展阶段，传统竞争优势持续削弱，经济增长处于从要素与投资驱动转向创新驱动的关键时期，创新成为我国经济结构转型的重要推动力之一。企业是创新活动的重要主体，企业的创新离不开金融支持，企业的创新行为会受到金融因素的重要影响。本书以金融领域资本市场中投资者的异质信念这一典型有限理性特征为切入点研究企业创新行为，既有助于实践中着力发挥金融助力企业创新的作用，又有助于资本市场服务实体经济的国家战略实现。

第二，研究投资者异质信念在管理层理性与非理性情境下对企业创新行为的影响机制，并分析各机制作用下的创新类型差异，有助于为监管者制定差异化监管政策提供建议和证据支持。通过不同影响机制作用，投资者异质信念会影响管理层选择不同的创新投资类型，若投资者异质信念在管理层理性情境下通过融资成本效应促进企业探索式创新，在管理层非理性情境下通过管理层情绪效应促进常规式创新，意味着监管者要对不同影响机制给予足够重视并区别对待，有效利用融资成本效应机制而抑制管理层情绪效应机制。本书有助于为监管者制定加大企业探索式创新力度、控制常规式创新规模的监管政策提供建议和证据支持。

第三，将研究延伸至探讨投资者异质信念影响企业创新行为的价值实现问题，为投资者异质信念影响企业创新决策提供更加完整的证据链，有助于企业高质量创新及国家经济高质量发展。由于企业创新投资的目的是提升核心竞争力并最终提升企业价值，所以有必要探讨投资者异质信念影响的企业创新行为最终是否提升了企业价值。若投资者异质信念通过融资成本效应促进企业探索式创新以至提升创新价值，监管者需要客观认知该作用，以减少或者适度干预投资者异质信念。若投资者异质信念激发管理层乐观情绪促进企业常规式创新，引起企业价值损失，激发管理层悲观情绪抑制创新。监管者则需要密切关注、加强公司治理监管改善管理层的情绪决策，避免低质量创新或创新投资下降。

三、研究特色与创新

第一，有别于现有研究大多从实体经济层面关注企业创新问题，本书聚焦金融领域，基于资本市场与企业创新决策的联动关系，以资本市场中投资者的异质信念，这一典型的、常态化的却又常被忽视的有限理性特征为切入点，研究投资者异质信念对企业创新行为的影响。将行为金融学中的投资者异质信念分别嵌入传统财务学及行为财务学，深化了行为金融学、传统财务学、行为财务学在企业创新投资领域的交叉研究，具有鲜明的学科交叉特征，是企业创新行为影响因素研究视角的重要拓展。

第二，打破传统财务学框架下管理层理性决策的单一情境模式，将投资者异质信念置于管理层理性与非理性双重情境中，本书遵循"投资者异质信念—管理层理性及非理性决策—企业创新投资"的研究思路，尝试彻底打开投资者异质信念影响企业创新行为的"黑箱"，探究管理层理性决策情境下的"融资成本效应"、管理层非理性决策情境下的"管理层情绪效应"两条主要影响机制，进一步分析各机制传导时企业创新类型选择的差异，是投资者异质信念对企业创新行为影响机制研究的双重决策情境探索和深层次挖掘。

第三，不局限于考察投资者异质信念对企业创新行为的影响及影响机制，本书将研究延伸至创新价值实现问题，系统检验投资者异质信念在不同传导机制作用下的不同创新类型最终对企业价值的影响。如果管理层在理性情境下，投资者异质信念通过时机效应机制传导促进的探索式创新会提升创新价值，意味着投资者异质信念并非只有扰动资产价格的不利方面，它对企业创新有"好"的一面。如果管理层在非理性情境下，投资者异质信念通过激发管理层悲观情绪效应抑制了企业创新，意味着投资者异质信念对企业创新有"不好"的一面。

本书是投资者异质信念对企业创新行为不同影响机制作用下，不同创新类型选择到企业价值实现的延伸，也是投资者异质信念对企业创新行为作用的全面认知。

第四，将经济后果置于供应链场景，本书考察投资者异质信念影响企业创新决策调整后，其商业信用供给如何变化。现有文献大多研究企业获得商业信用后，如何通过缓解融资约束进而影响企业创新。而现实中企业获得商业信用的同时也对外提供商业信用，如何降低创新企业商业信用供给，同样能起到缓解融资约束促进企业创新的重要作用。鉴于此，有必要在考察投资者异质信念对企业创新行为的影响及影响机制的同时，从商业信用供给的角度探讨其经济后果，系统研究创新策略对商业信用供给的作用结果，并深入比较实质性创新和策略性创新对企业商业信用供给的差异性影响。突破单一企业主体，从供应链跨企业场景下，研究投资者异质信念影响企业创新的可持续性问题，本书提供了投资者异质信念影响企业创新决策在供应链场景中的完整证据链。

四、研究内容

本书共有七章，各章内容如下：

第一章，绪论。首先，阐述研究背景并提出研究问题。基于我国依靠创新推动经济转型、新兴资本市场投资者异质信念突出的现实背景，提出研究问题：投资者异质信念对企业创新行为究竟存在怎样的影响、影响机制以及在此种机制作用下具体影响的是哪种创新类型，最终存在何种经济后果。其次，阐述研究的理论意义和实践意义。理论意义在于，是企业创新行为影响因素研究视角的重要拓展，是投资者异质信念对企业创新行为影响机制的全面而深入的探究，是中观问题在微观层面的延展与细化，有效地拓展了投资者异质信念研究的外延。实践意义在于，有助于实践中着力发挥金融助力企业创新的作用，有助于资本市场服务实体经济的国家战略实现，有助于为监管者制定加大企业探索式创新力度、控制常规式创新规模的监管政策提供建议和证据支持，有助于为投资者异质信念影响企业创新决策提供更加完整的证据链，有助于企业高质量创新及国家经济高质量发展。最后，阐述研究特色与创新：一是企业创新行为影响因素研究视角的重要拓展；二是投资者异质信念对企业创新行为影响机制研究的双重决策情境探索和深层次挖掘；三是投资者异质信念对企业创新行为不同影响机制作用下，不同创新类型选择到企业价值实现的延伸，也是对投资者异质信念对企业创新行为作用的全面认知；四是突破单一企业主体，从供应链跨企业场景下，研究投资者异质信念影响企业创新的可持续性问题，提供了投资者异质信念影响企业创新决策在供应链场景中的完整证据链。

第二章，相关研究。本章由两部分构成。第一部分是国内外研究现状及分析。首先，梳理投资者异质信念与企业财务决策的相关研究。包括投资者异质信念的形成机理及衡量方法、投资者异质信念对企业融资决策的影响、投资者异质信念对企业投资水平的影响。其次，梳理金融与企业创新的相关研究。包括金融市场与企业创新、投资者与企业创新、股票特征与企业创新、商业信用融资与企业创新。最后，梳理企业创新经济后果的相关研究。包括企业创新的宏观层面、中观层面、微观层面的经济后果。第二部分是研究述评。第一，企业创新行为影响因素的研究视角有待拓展。相对于投资者在某些市场状态下呈现出短期的意见"一致性"，"分歧性"更为长期和常态化，研究管理层的创新投资决策如何受到投资者异质信念而不是投资者情绪的影响更具现实性。另外，从投资者关注到投资者情绪再到投资者异质信念这三个有限理性典型特征产生的顺序看，相对于投资者心理过程起点的投资者关注，心理过程终点的异质信念才是管理层创新投资决策之前，在面对投资者的有限理性特征时，更直接也是更值得参考的因素。鉴于此，有必要以投资者异质信念为视角探讨其对企业创新行为的影响，拓展企业创新影响因素研究的思路。第二，投资者异质信念对企业创新行为的影响及影响机制有待完善。有必要将投资者异质信念分别置于管理层理性与非理性决策情境下，系统研究投资者异质信念影响企业管理层创新决策的影响及影响机制，并且探讨不同影响机制下，投资者异质信念影响企业创新决策的类型有何差异。第三，投资者异质信念影响企业创新行为的商业信用供给效应有待检验。有必要在考察投资者异质信念对企业创新行为的影响及影响机制的同时，从商业信用供给的角度探讨其经济后果，系统研究创新策略对商业信用供给的作用结果，并深入比较实质性创新和策略性创新对企业商业信用供给的差异性影响。由此，将研究视角向下延伸至投资者异质信念影响企业创新的可持续性问题，为投资者异质信念影响企业创新决策提供完整的证据链。

第三章，概念界定与理论基础。第一节概念界定。主要包括投资者异质信念、企业创新行为的概念、管理层理性决策、管理层非理性决策。第二节理论基础。从投资者有限理性理论、企业创新理论、投资者异质信念对企业创新的影响分析、企业创新对商业信用的影响分析四个方面展开，投资者有限理性理论主要包括有限理性的内涵、有限理性的心理偏差（认知偏差、情绪偏差、信念偏差）；企业创新理论主要包括企业创新理论的概述、创新理论的发展、创新理论的应用；投资者异质信念对企业创新的影响分析包括融资成本理论、情绪决策理论；企业创新对商业信用的影响分析主要包括信号传递理论、前景理论。

第四章，投资者异质信念与企业创新行为：基于管理层理性情境。基于资本市场与企业财务决策之间的联动关系，研究管理层理性情境下投资者异质信念对企业创新的影响及影响路径。经过实证检验，结果表明投资者异质信念增强会促进企业创新投入增加，且当媒体关注度较高时这种促进作用越明显。进一步检验发现，"融资成本效应"而不是"流动性效应"在发挥中介传导作用，融资约束越强的企业"融资成本效应"发挥越明显。拓展性检验发现，投资者异质信念促进创新投入增加的是企业探索式创新，最终提升了企业价值。本章研究深化了行为金融学、传统财务学在企业创新领域的交叉研究，为监管者客观全面认知投资者异质信念对企业创新的作用，促进企业高质量创新提供政策建议和证据支持。根据以上研究结论得到以下建议：第一，监管层应客观认知投资者异质信念这一投资者有限理性特征。投资者异质信念通过"融资成本效应"机制传导促进的探索式创新会提升创新价值，意味着投资者异质信念并非只有扰动资产价格的不利方面，它对企业创新有"好"的一面，可减少或者适度干预投资者异质信念。当然这一结论是基于我国资本市场目前融资融券制度并没有实质性放松卖空限制的背景下得出的，在融券规模尚远低于融资规模的阶段，对投资者异质信念不能过度干预，在一定程度上应该允许投资者异质信念的适度活跃。当融券规模持续增大时要注意对投资者异质信念调控到可控范围内。第二，在卖空限制没有实质性放松的情况下，投资者异质信念没有通过股票流动性效应影响企业创新。证券市场监管机构应积极完善融资融券制度，进一步扩大融券规模，促进股票市场的卖空限制实质性放松。当卖空限制实质性放松后，投资者异质信念能通过提高股票流动性促进企业创新。融资融券制度推出的本意是放松卖空限制，但现实中融资融券规模不平衡的状况长时间没有得到改善，适当放松融券门槛，积极引导更多的投资者参与到融券中，促进融资融券规模向平衡状态发展，无论是对资本市场还是对实体企业创新都有重要作用。第三，企业应持续密切关注资本市场中投资者的表现，尤其是在媒体对企业关注度较高时期，加强对投资者异质信念的准确识别，如对反映投资者异质信念的各代表性指标，包括分析师预测分歧度、换手率、收益波动率、未预期交易量、股票成交量等进行密切跟踪，或者对投资者较活跃的股吧、雪球网、东方财富网等论坛上的发帖评论进行实时关注，及时利用融资成本较低的恰当时机加大融资力度以增加创新投入，通过低成本融资缓解实质性创新所面临的融资困境，以提升企业价值。

第五章，投资者异质信念与企业创新行为：基于管理层非理性情境。基于企业财务决策与资本市场之间的联动性关系，研究管理层非理性情境下投资者异质信念对企业创新行为的影响，以及包含传统新闻媒体和网络新闻媒体在内的多源媒体对企业的报道态度异质性对二者关系的影响。经过实证检验，结果表明投资者异质信念通过"管理层情绪效应"抑制了企业创新，相比传统新闻媒体，网络新闻媒体报道态度异质性更能强化投资者异质信念对企业创新的抑制作用。进一步研究发现，投资者异质信念激发的管理层悲观情绪效应的发挥，受到股权分散程度的正向影响和高管异质性的负向影响。投资者异质信念通过管理层情绪效应对探索式创新影响更大，最终降低企业价值。根据以上研究结论得到以下建议：一是由于投资者异质信念通过管理层悲观情绪传导抑制企业创新进而损害了企业价值，意味着投资者异质信念和管理层悲观情绪对企业创新是不利的。由此，弱化这两类对企业创新不利的因素至关重要。二是由于多源媒体报道态度异质性强化了投资者异质信念对企业创新行为的抑制作用。所以，新闻媒体政策制定部门应通过完善相关法律法规，规范新闻媒体市场。新闻媒体监管部门应加强对新闻媒体的数字化监管，通过科技手段对新闻媒体明显带有感情色彩或者带有偏见地报道进行精准识别后进行严厉惩处，强化新闻媒体的社会责任意识。三是由于投资者异质信念通过管理层情绪效应抑制了企业创新，且对探索式创新影响更为明显，最终降低了企业价值，用经验证据证明了探索式创新对企业价值提升至关重要。由此，创新监管部门应加强与国家知识产权局信息平台对接，大数据动态精准跟踪企业创新专利申请类型数据，及时问询和适当干预企业常规式创新申请行为；创新政策制定部门应分类出台针对企业不同创新类型的激励政策，加大对企业探索式创新的激励，促进企业价值提升，助力创新型国家战略的实现。

第六章，企业创新行为对商业信用供给的影响。将企业创新策略细分为实质性创新和策略性创新，考察创新策略影响企业商业信用供给的作用机制，经过实证检验，研究发现：在不考虑融资环境及企业内部激励机制条件下，创新策略通过客户的风险规避效应正向影响商业信用供给，企业因开展实质性创新对外提供的商业信用更多。进一步研究发现，金融发展和核心技术员工股权激励均能弱化商业信用供给，高金融发展地区和核心技术员工股权激励公司开展实质性创新对外提供的商业信用更少，地区金融发展和核心技术员工股权激励均能显著降低实质性创新与商业信用供给的正向关系。根据以上研究结论得到以下建议：第一，在不考虑其他因素时企业创新策略通过客户的风险规避效应正向影响商业信用供给，因此，现阶段应通过政策制定，营造更加公平、透明的企业营商环境，加大对企业专利申请的法律保护力度，降低交易双方之间的信息不对称程度，弱化供应链中风险规避效应下客户企业因担心上游企业创新失败造成损失而要求提供商业信用的动机，提高创新企业的资金回笼速度支持持续创新。第二，地区金融发展和核心技术员工股权激励能弱化创新策略与商业信用供给的正向关系，为此，现阶段在实践中一方面要深化金融改革、推动区域金融发展，缓解创新型企业面临的融资困境，提高企业创新积极性，推动技术进步和产业转型升级。另一方面企业内部也要完善对有真才实学、掌握核心技术员工的激励机制，借助核心技术员工股权激励计划防止核心员工的流失，激发人力资本的创新功效，提升企业的创新质量。

第七章，结论与建议。总结概括了前述章节的结论，并针对结论提出建议。结论部分主要为：一是在管理层理性情境下，投资者异质信念增强会促进企业创新。当媒体对企业关注度较高时，投资者异质信念对企业创新投入促进作用越突出。进一步地，投资者异质信念通过"融资成本效应"而不是"流动性效应"影响机制促进企业创新。"融资成本效应"的发挥在不同融资约束程度的企业中存在差异，融资约束程度越强的企业，"融资成本效应"越明显。拓展性检验发现，相比常规式创新，投资者异质信念通过融资成本效应影响机制更多地促进了企业探索式创新的增加，最终提升了企业价值。二是在管理层非理性情境下，投资者异质信念通过激发管理层悲观情绪效应抑制了企业创新，多源媒体对企业的报道态度异质性强化了这种抑制作用。相比传统新闻媒体，网络新闻媒体报道态度异质性更能强化投资者异质信念对企业创新的抑制作用。此外，投资者异质信念激发的管理层悲观情绪效应的发挥，受到股权分散程度的正向影响和高管异质性的负向影响。投资者异质信念通过管理层情绪效应抑制了企业探索式创新和常规式创新，对探索式创新影响更大，最终降低企业价值。三是在不考虑外界融资环境及企业内部激励机制条件下，创新策略正面影响商业信用供给，与策略性创新相比企业进行实质性创新对外提供的商业信用更多，该结论支持创新影响商业信用供给的客户风险规避效应。进一步研究发现，金融发展和核心技术员工股权激励显著弱化了创新策略与商业信用供给的正向关系，地区金融发展水平的提高和在企业内对核心技术员工实施股权激励能通过提高企业内公司治理水平、增强创新企业与外界的信息透明度，降低客户企业为规避上游企业创新失败导致自身受损而要

求提供商业信用的动机，相比低金融发展地区和未实施核心技术员工股权
激励的企业，高金融发展地区和实施核心技术员工股权激励的企业因创新
对外提供的商业信用显著降低，此时创新影响商业信用供给的信号传递效
应占优。建议部分主要包括对监管机构的建议、对企业的建议、对投资者
的建议、对政策制定者的建议、对学术界和实践界的建议。

第二章　相关研究

第一节　国内外研究现状及分析

国内外较少直接针对投资者异质信念对企业创新行为的影响进行研究，相关研究大多涉及投资者异质信念与企业财务决策研究、金融与企业创新研究，本节就以上两方面的研究现状进行梳理。

一、投资者异质信念与企业财务决策相关研究

投资者异质信念作为投资者常态化的典型的有限理性特征之一，越来越受到学者们的关注。投资者异质信念对企业财务决策的相关研究较多集中在投资者异质信念的形成机理及衡量方法、投资者异质信念对企业融资决策、企业投资水平的影响三个方面。

（一）投资者异质信念的形成机理及衡量方法

行为金融学中的投资者有限理性理论认为，投资者不符合传统金融学所谓理性的"经济人"假设，投资者会因为渐进信息流、有限关注与先验的异质性对同一证券的未来收益水平产生意见分歧，即投资者异质信念的形成机理就是渐进信息流、有限关注与先验的异质性（Hong 和 Stein，

2007）。渐进信息流的解释指出，信息到达不同投资者的时间不同，较早
获得信息的投资者将立即更新其对股票价值的预期，而尚未获得信息的投
资者将保持原有预期。此时，即使所有投资者期初具有同质信念，随着时
间的推移，不同投资者对同一证券的价值判断也将存在分歧。有限注意的
解释指出，由于证券市场每天充斥着大量与股票估值相关的信息，导致投
资者认知超载。浏览、筛选和分析信息需要花费大量的时间和精力，因而
投资者仅能根据个人偏好及分析能力有选择性地关注其中的一小部分信
息，由于不同投资者所关注的信息类别以及对同类信息的关注程度不同，
会对公司价值做出不同的判断。先验异质性的解释指出，投资者在年龄、
性别、受教育程度及生活经历等方面的差异导致其世界观和价值观不同，
而受多种因素综合作用的世界观和价值观构成投资者的先验信念，进而影
响其对信息的理解，故不同先验信念的投资者对同一证券预期收益的判断
也会存在差异。

　　准确衡量投资者异质信念是相关研究结论可靠性的前提和基础，投资
者异质信念是投资者有限理性的典型心理特征之一，在计量方面比较困难
和复杂。国内外相关研究大多利用机构退出比率、分析师盈余预测分歧、
超额收益波动率或者换手率等指标衡量异质信念。Houge 等（2001）最早
提出采用机构退出比率来衡量投资者异质信念，但是这一方法有明显缺
陷，因为机构退出比率只是衡量了投资者的不确定性（Gao 等，2006）。
相比机构退出比率，采用分析师盈余预测分歧度来衡量投资者的异质信念
较为合适（Diether 等，2002），但由于分析师盈余预测分歧并不能代表所
有投资者的实际表现以及其包含了不确定性因素，因此采用分析师盈余预
测分歧来衡量投资者异质信念也受到学者们的争议。由此，Doukas 等
（2006）进一步对分析师预测进行标准化，并对其进行分解，去掉包含投
资者不确定性的成分，进而得到一个更为精确的异质信念指标，但仍不能
代表所有投资者意见分歧。Chen 等（2002）认为由于投资者对股票未来
预期存在的异质信念是推动投资者进行交易的直接动机，因此超额收益波
动率和换手率都是投资者异质信念的有效反映。但影响超额收益波动率的

因素较多，换手率衡量异质信念更为合适（Boehme 等，2006），这是因为投资者异质信念是对未来预期意见的分歧，股票的换手率就是投资者意见分歧的直接表现，换手率越大意味着市场中投资者对未来价格预期之间的差异越大。国内学者李维安等（2012）对这一衡量表示认同。

以上关于投资者异质信念衡量的争论焦点仅针对单个指标，实际上无论哪个单个指标都仅能代表某一方面或者某一层次的异质信念，在一项研究中很难涵盖所有指标，只选取其中 1~2 个指标是不全面的（卿小权和高升好，2014）。有必要将多个代理指标中的投资者异质信念部分与其他信息分离开来，并提取出不同指标中的相同成分，构建投资者异质信念指数，由此多个指标互相补充，充分反映投资者异质信念的各个方面。国外社交投资网站（Stock Twits）① 的建立，为国外学者依托该平台直接衡量投资者意见分歧提供了便利，Cookson 和 Niessner（2020）就以投资者在 Stock Twits 上表达的看涨或者看跌观点作为投资者异质信念的衡量。国内的"雪球社区"是与之类似的中文投资者社交网站，网站的"雪球指标"是基于社区论坛积累的海量信息统计分析后的小工具，但由于该指标未将文字中的褒贬语义进行进一步剖析，故无法直接使用其衡量投资者异质信念。

（二）投资者异质信念对企业融资决策的影响

投资者异质信念对企业融资决策具体涉及对融资方式和融资时机决策的影响。在融资方式决策方面，Chemmanur 等（2011）、Bayar 等（2015）通过理论推导和实证检验证实了投资者异质信念增强时，公司倾向于选择股权融资方式进行再融资，股权融资水平提高。在投资者异质信念作用下的再融资方式选择方面，公司倾向于选择向外部机构投资者定向增发，由此带来积极的宣告效应和正的长期累计超额收益以及公司未来财务绩效的改善（卿小权和高升好，2014；邓路和周宁 2015）。在融资时机

———————————

① Stock Twits 基于海量文本数据，剖析用户发布的有关投资的褒贬语义信息，整合出看涨看跌的意见分歧。

方面，现有研究主要是沿着投资者异质信念对资产定价的影响进而影响融资决策的思路展开。根据市场择时理论，当资产被错误定价往往营造出融资的有利时机，故资产误定价被认为是融资时机的代理变量。Miller（1977）提出的基于异质信念的静态资产定价模型，是对投资者异质信念与资产定价关系进行的开创性研究，作者发现由于受到投资者异质信念和资本市场卖空限制的共同影响，投资者对未来预期的差异最终将会反映到股票的均衡价格上。在 Miller（1977）静态模型的基础上，Basak（2005）、Hong 和 Stein（2007）提出了基于异质信念的动态资产定价模型。进一步地，Bayar 等（2011）借助信念—财富密度概念阐释了异质信念如何导致股票错误定价的影响机理，即假定投资者总财富不变，尽管异质性程度加剧会导致单位信念承载财富量降低，但是乐观投资者增加最终会推高市场股价。国内学者朱宏泉等（2016）认为由于我国的资本市场起步较晚，个人投资者较多，因而我国投资者的异质信念更为严重，并且在融资融券制度推出前，我国资本市场长期存在严重的卖空限制，为资产定价理论和实证检验提供了有利的条件，研究发现，由于卖空限制的存在，公司的股票价格会高于资产定价理论所推出的价格，这一研究结论也验证了 Miller（1977）的研究在我国同样适用。

（三）投资者异质信念对企业投资水平的影响

在投资者异质信念对企业融资决策影响的研究之外，还有学者关注的是投资者异质信念对企业投资水平的影响，观点并未统一。许致维和李少育（2014）认为，由于投资者异质信念既能通过促使企业管理者迎合投资者而直接加剧企业过度投资，也能通过影响企业的股权融资现金流而间接促进其过度投资，故投资异质信念与企业投资水平呈正相关关系。牛伟宁等（2017）并不认同此观点，他们认为投资者异质信念与投资水平的关系不能一概而论，投资者异质信念程度越高，有可能企业投资水平越低，也有可能企业投资水平越高。这是因为，当外部投资者之间存在信念差异时，若外部乐观投资者持股比例较高，外部投资者越乐观、信念差异越大，经理人的努力程度就会下降，投资水平进而降低；相反，当外部悲观投资者占比较高时，悲观程度越高、信念差异越大，经理人会付出越多的努力，进而公司会有更高水平的投资规模。投资者异质信念既是影响企业投资水平的直接因素，也可能是融资约束影响企业投资水平的过程中的中介传导因素，这种中介传导在融资约束程度较低的企业和国有企业中表现更加显著（张多蕾等，2018）。

综上所述，有关投资者异质信念对企业投融资影响的研究大多侧重考察对企业投资水平的影响，结论并不一致，缺乏直接针对创新投资的研究。虽然有学者提到管理层做投资决策时会依投资者异质信念而动，但是仅意识到经理人努力程度这一表面行为，忽视了行为背后深层的有限理性心理特征，也没有针对创新投资及创新价值做深入、系统的研究。

二、金融与企业创新的相关研究

最早对创新进行研究的学者是 Schumpeter（1934），他将创新定义为生产要素的重新组合。后续学者围绕创新影响因素开展了大量研究，主要分为实体经济和金融领域两个层面。从实体经济领域研究企业创新的影响因素研究较为丰富，但立足于金融领域研究企业创新问题的文献则相对匮乏。实际上，实体经济的创新离不开金融支持，企业的创新决策受到金融因素的影响。现有金融领域与企业创新的相关研究可以从宏观、中观、微观三个层面梳理，宏观层面的因素主要涉及金融发展、资本市场开放、卖空机制；中观层面的因素主要涉及投资者，但现有研究对投资者这一重要主体关注不足，仅涉及机构投资者、投资者关注、投资者情绪等；微观层面的股票特征因素主要有股票流动性、股票错误定价等。

（一）金融市场与企业创新

宏观层面的因素如金融发展、资本市场开放、放松卖空约束，是否能够促使企业产生要素增加效应及创新倾向提高效应，从而助力企业创新，是现有研究关注的焦点。

围绕金融发展与企业创新的研究主要从以下三个方面展开：一是考察金融发展与企业创新关系。大部分学者认为金融发展促进了企业创新

（Hsu 等，2012）。但也有学者认为金融发展对企业创新的影响不是简单的
促进或者抑制，而是具有边界作用的，超过一定边界的金融规模或金融效
率不利于企业的创新决策和创新投资（王昱等，2017）。二是考察金融发
展、金融市场化和知识产权保护与企业创新关系。三是考察金融发展的规
模、效率以及金融市场化对创新的作用。He 和 Tian（2018）从公司层面
特征、市场层面、宏观层面对研究企业创新驱动因素的研究进行综述和评
价，并指出金融与企业创新这个重要主题的未来研究方向在于，探索衡量
企业创新的新方法及企业创新对实体经济与股票市场的影响。

资本市场开放缓解企业融资约束，使得国内外投资人共同分担创新风
险，Moshirian 等（2019）对全球 20 个经历了资本市场对外开放进程的经
济体抽样，探索资本市场开放政策对行业创新能力的影响。研究发现，资
本市场的对外开放有效提高了这些国家的创新水平，并对潜在机理进行了
进一步探索。国内学者马妍妍等（2019）以我国资本市场为研究对象，
运用 QFII 持股比例作为资本市场开放的代理变量，并将陆港通政策出台
作为一项准自然实验，分析资本市场开放对企业研发规模的影响及作用机
制。研究发现，资本市场开放有利于企业研发规模提升；资本市场开放对
研发的刺激主要通过降低信贷依赖、提升外部监督作用及 TFP 水平来实
现；资本市场开放能够通过解决"生产率悖论"提升研发水平。

我国资本市场长期存在卖空限制，直到 2010 年 3 月 31 日开始实行融
资融券制度试点，融券交易的推出改变了我国股票市场长期以来的单边市
场状态，放松了卖空约束。相关研究主要从融资融券制度的引入是否促进
企业创新的角度展开，研究结论较为统一，均认为融资融券制度的实施对
企业创新产出有正向的促进作用：虽然融资融券制度的实施并没有显著影
响公司的创新投入，却显著提升了公司的创新产出，表明融资融券制度具
有创新激励效应，能够显著提升公司的创新效率。融资融券制度的创新激
励效应在信息不透明公司、低管理层权力公司及垄断程度强行业表现得更
加显著，融资融券制度的实施能够通过创新渠道产生滞后的价值提升效应
（权小峰和尹洪英，2017）；若以公司外部治理机制的视角检验卖空限制

对国有企业创新产出的影响，可以发现，加入融资融券标的后，国有上市公司的专利申请量相比民营上市公司有显著增长（孟清扬，2017）。

（二）投资者与企业创新

中观层面的投资者是企业资金的重要提供者之一，投资者本身的性质（机构投资者）以及投资者的心理特征（投资者关注、投资者情绪），都会直接影响企业管理层的投融资决策，进而影响企业创新投资水平。

现有研究认为，不同的机构投资者对企业创新的影响不同，独立型的机构投资者持股比例与企业的 R&D 投入存在显著的正相关关系，非独立型的机构投资者持股对企业的 R&D 投入没有影响（张济建等，2017）。机构投资者影响企业创新的路径主要是，其通过干预管理层变动、左右董事会决议为路径影响企业创新。战略型机构投资者有利于降低管理层人员流失风险，提升董事会决策效率，而财务型机构投资者会增加管理层流失，降低董事会决策效率（许长新和杨李华，2018）。在美国的资本市场中，作为机构投资者的对冲基金介入后，上市公司更专注于影响力高、原创程度高的创新项目，导致专利产出数量和质量显著提升（Brav 等，2018）。此外，机构投资者持股还会对经济政策不确定性与研发投入关系具有调节作用，机构投资者持股会弱化经济政策不确定性对企业研发投入、探索式创新之间的促进作用，但对经济政策不确定性与开发式创新的关系并无显著影响（顾群等，2020）。

在投资者本身的有限理性特征影响企业创新的相关研究中，虽然涉及投资者关注这一个影响因素，但不是考察投资者关注对企业创新的直接影响，主要讨论的是投资者关注本身的中介效应作用。例如，在政府采购对高技术企业创新作用过程中投资者关注起到了部分中介作用（苏婧等，2017）；企业还会通过交叉上市引入多个资本市场的投资者关注，进而促进企业创新投资增加，相比仅在 A 股上市的企业，交叉上市企业更加注重创新投入，这种促进作用仅存在于 A+H 股交叉上市公司（余威和宁博，2018）。

除投资者关注外，作为投资者有限理性特征之一的投资者情绪也是学者们研究企业创新的切入点。投资者情绪对企业创新投入存在显著正向影响，管理者过度自信是投资者情绪影响企业创新投入的不完全中介渠道。资本市场绩效预期压力会对二者关系起到调节作用。资本市场绩效预期压力能够抑制企业研发投资对投资者情绪的迎合程度。李林波和刘维奇（2020）没有直接研究企业创新，而是投资者情绪能否促进战略性新兴产业发展的问题，研究发现投资者情绪促进了新兴产业的扩张和宏观经济结构调整，可见，虽然投资者情绪在股市扮演着"扰动资产价格发现"的角色，但对实体经济，投资者情绪具有优化经济资源配置的作用，具有"好"的方面，而且丰富了"金融支持实体经济"的研究文献。

（三）股票特征与企业创新

微观层面股票特征中的股票流动性和股票错误定价会对企业创新产生影响。股票流动性能够促进还是抑制企业创新，国内外学者的观点尚存在分歧。虽然有关股票错误定价对企业创新有正向影响这一结论学者们能够达成统一，但争论的焦点却在于影响机理。

国外研究认为，股票流动性对企业创新有抑制作用，Fang 等（2014）基于美国上市公司样本进行研究，发现股票流动性的增加降低了企业的创新水平；而国内学者持相反观点，曹阳（2015）研究发现股票流动性越高的公司，其机构持股比例越高，机构会更多地监督管理层，从而正向促进公司长期的创新发展。在企业性质对股票流动性与企业创新之间关系的调节作用方面，冯根福等（2017）认为，股票流动性的提高有助于国有企业创新水平的提升。沈达勇（2017）却认为股票流动性提高了民营企业管理层持股比例，缓解了代理冲突，提高了企业的创新水平，但对国有企业无实质影响。

投融资理论认为，股票错误定价会对企业投资决策产生影响，研发投资作为企业投资活动的重要组成部分，必然也会受到股票错误定价的影响。学者们一致认为，股票错误定价会促进企业研发投资，部分学者倾向于从迎合渠道层面解释错误定价对研发投资的影响，认为管理层针对错误定价会通过采取相应的迎合行为获取利益（Baker 和 Wurgler，2006；Polk

和 Sapienza，2009）。不同于单纯从迎合渠道层面解释错误定价与企业创新的影响机理，Dong 等（2007）将股权融资渠道纳入进来，认为股权融资渠道强化了迎合渠道，二者存在着互补关系。而且研发投资的理性迎合动机在外部融资依赖程度较轻，换手率较高以及小公司中更为显著。后续研究围绕错误定价究竟是通过股权融资渠道还是迎合渠道影响研发投资而展开，大部分学者倾向于股权融资渠道假说。例如，肖虹和曲晓辉（2012）在对公司研发投资行为的股票错误定价迎合性进行研究检验后，得出了错误定价对研发投资的影响主要来自股权融资渠道，而非迎合渠道的结论。在控制股权融资渠道的影响后，股票错误定价仍然会推动上市公司研发投资（徐寿福，2017）。个别学者持相反观点，认为股票错误定价主要通过"迎合渠道"影响企业创新。股票错误定价不仅影响研发投资，还会影响创新产出，股价高估与研发支出、创新产出、创新的新颖性、原创性及规模都显著相关。市场高估值也有社会价值，能提高创新产出、激励公司去做"异想天开"的创新（Dong 等，2017）。此外，陆蓉等（2017）虽没有直接研究资本市场错误定价与创新的关系，但在研究资本市场错误定价与产业结构调整时，同样发现股价高估并非总是不利，生产效率高的新兴产业股价高估有利于产业结构升级，建议政府重视和有效利用资本市场的价格高估。

（四）商业信用融资与企业创新

在全球化和信息化的背景下，技术创新成为企业竞争力的核心。企业如何获取和利用资源，尤其是资金资源，对于其技术创新能力至关重要。商业信用作为一种非正式的融资方式，为企业提供了一种灵活的资金来源。商业信用通常指的是企业在没有第三方担保的情况下，基于相互信任和长期合作关系提供的信贷。它包括供应商提供的贸易信用（如赊账）和客户支付的延迟。

1. 商业信用融资与企业创新的关系

商业信用的主要功能是缓解企业现金流压力、提供短期融资，以及作为企业间信任的体现。商业信用融资对企业技术创新的积极影响主要表现在三个方面：一是商业信用融资的资金支持作用。商业信用作为一种非正式的融资手段，可以为企业提供必要的资金支持，尤其是在正式融资渠道受限的情况下。这有助于企业维持研发活动，甚至扩大研发投入，即获得商业信用能显著缓解企业融资压力，进而促使企业将更多资源投入创新活动中，提升企业创新水平（姚星等，2019；李双建等，2020）。此外，商业信用融资还能为企业创新带来风险缓冲效应，降低企业创新活动的风险。二是商业信用融资与企业战略选择。企业可能会根据其商业信用状况调整其技术创新战略。例如，拥有良好商业信用的企业可能更倾向于进行长期、高风险的研发项目，而信用状况较差的企业可能更倾向于短期、低风险的项目。三是商业信用融资与企业创新网络。商业信用不仅影响企业内部的资源配置，还可能影响企业与外部合作伙伴的关系。良好的商业信用有助于企业建立和维护创新网络，从而获取新的知识和技术，促进技术创新。

商业信用融资对企业技术创新的消极影响主要表现在商业信用融资与企业风险承担方面。具体而言，商业信用的使用可能会增加企业的财务风险，因为过度依赖商业信用可能导致企业在供应商或客户违约时面临现金流紧张。这种风险承担可能会影响企业对研发项目的投入决策，尤其是对高风险、高回报的研发项目。

2. 商业信用融资与企业技术创新关系的影响因素

商业信用对企业技术创新的影响是一个多因素交互作用的过程，涉及多个层面的因素，包括企业规模、行业特性、宏观经济环境、政策支持等。

（1）企业规模等微观因素层面。一是企业规模。小型企业由于资产规模小、经营历史短、信用记录有限，通常面临更多的融资约束。在这种情况下，商业信用作为一种非正式的融资方式，成为小型企业获取资金的重要渠道。供应商可能基于长期合作关系和对企业未来潜力的信任，提供贸易信用（赊账）给小型企业，而客户可能因为信任企业提供的产品和服务，愿意延迟支付货款。这种基于信任的信贷机制，虽然额度有限，但对于小型企业来说，可能是其进行研发和技术创新的重要资金来源。然而，小型企业的信用额度通常受到限制，这可能会限制其进行大规模研发投资的能力。由于缺乏足够的内部资金积累，小型企业在面对高风险、高回报的创新项目时，可能会因为资金不足而无法承担相应的风险。此外，小型企业在商业信用市场上的议价能力较弱，可能需要支付较高的利率或提供更多的担保，这会增加其融资成本，进一步影响其创新活动的可持续性。大型企业由于其规模和市场地位，通常能够获得更多的商业信用。大型企业的品牌效应、稳定的现金流和较强的市场影响力，使得供应商更愿意提供信用，而客户也更愿意接受其提供的信用。这种优势使得大型企业能够通过商业信用融资来支持其技术创新活动，尤其是在正式融资渠道受限的情况下。然而，大型企业也可能因为过度依赖商业信用而忽视内部资金的积累和风险管理。长期的信用融资可能导致企业负债率上升，增加财务风险。此外，如果企业过度依赖外部融资，会减弱其内部资金管理的效率和创新能力。企业可能会为了满足短期的财务需求而牺牲长期的战略规划和创新投资，但同时，大型企业可能因为过度依赖商业信用而忽视内部资金的积累和风险管理。二是企业的财务状况、管理能力、创新文化等内部因素也会影响其对商业信用的利用。财务状况良好的企业，由于其稳健的财务表现和较低的违约风险，通常能够以较低的成本获得商业信用。而管理能力强的企业，能够有效地利用商业信用进行资金管理和风险控制，从而支持其技术创新活动。创新文化浓厚的企业，其员工和管理层对创新有着积极的态度和开放的思维，这有助于企业更好地利用商业信用来支持研发和创新。创新文化可以激励员工提出新的想法，推动企业在技术创新方面取得突破。同时，企业可以通过商业信用融资来快速响应市场变化，抓住创新机会。

（2）行业与市场等中观因素层面。一是行业特性。高科技行业和创新型企业更依赖于持续的技术创新来维持竞争力，因此对商业信用的需求可能更高。例如，信息技术、生物医药、新能源等企业，其产品生命周期短、技术迭代速度快，因此对持续的技术创新有着迫切的需求。这些行业的企业通常需要大量的研发投入来保持其产品的竞争力，而商业信用作为一种灵活的融资方式，能够为这些企业提供必要的资金支持。例如，半导体行业的企业在研发先进制程技术时需要巨额的资金投入，而商业信用可以作为一种补充融资手段，帮助企业缓解短期的资金压力。相较之下，传统行业如制造业、农业等，虽然对技术创新的需求相对较低，但在面临市场变革和技术升级的压力时也需要进行必要的技术创新。例如，随着智能制造和工业4.0的发展，传统制造业企业需要引入自动化和智能化设备，这同样需要资金支持。在这种情况下，商业信用可以作为一种有效的短期融资工具，帮助企业进行技术升级和改造。二是市场需求的变化、竞争压力、供应链关系等市场动态。在市场需求旺盛时，企业需要扩大生产规模以满足市场需求，这通常伴随着对原材料和设备的投资，从而增加了对商业信用的需求。在竞争激烈的市场中，企业为了保持或提升市场份额，需要更多的商业信用来进行快速的产品创新和技术改进，商业信用作为一种快速响应市场变化的融资方式，能够帮助企业在短时间内获得必要的资金，支持其技术创新和市场反应。企业与供应商和客户之间的信用关系也会影响其商业信用的可获得性，良好的供应链关系可以增加企业获得商业信用的可能性，而供应链中的不确定性会减少商业信用的可用性。

（3）经济环境与政策等宏观因素层面。经济环境与政策对商业信用供给与企业技术创新的关系有着深远的影响。这些宏观因素通过多种机制作用于企业层面，从而影响企业的融资决策和创新活动。一是经济繁荣与衰退。在经济繁荣时期，市场信心旺盛，企业经营状况良好，银行和其他金融机构更愿意提供信贷，商业信用的可获得性相对较高。在这种情况下，企业可以更容易地通过商业信用融资来支持其研发活动和技术创新。例如，当市场对新技术的需求强劲时，企业增加对研发的投资，以快速响应市场需求，而商业信用可以作为一种灵活的资金来源，帮助企业在短期内扩大研发规模。相反，在经济衰退时期，市场信心下降，企业面临销售收入减少和现金流紧张的问题，银行和其他金融机构会收紧信贷，商业信用的可获得性降低。这可能导致企业在研发和创新方面的投入减少，因为它们难以获得足够的资金来支持这些活动。此外，企业可能会将有限的资金用于维持日常运营，而不是投入风险较高的创新项目中。二是经济政策。经济政策尤其是货币政策和财政政策，对商业信用的供给和成本有着直接的影响。例如，当中央银行实行宽松的货币政策时，市场上的流动性增加，银行的贷款能力增强，这会降低商业信用的成本，使得企业更容易获得商业信用。相反，紧缩的货币政策会提高商业信用的成本，限制企业的融资能力。财政政策如税收优惠、研发补贴、创新基金等，也可以通过降低企业创新的成本来影响商业信用的需求。这些政策支持可以减轻企业的财务负担，使得企业有更多的资源投入到创新活动中。具体而言，税收优惠可以降低企业的税负，增加其可用于研发的资金。研发补贴可以直接为企业提供研发资金，而创新基金则可以为高风险的创新项目提供资金支持。这些政策不仅可以直接增加企业的创新投入，还可以通过提高企业对商业信用的依赖性来间接影响其创新活动。因为企业在获得政府支持的同时，可能会更加依赖商业信用来维持其研发活动的连续性和规模。此外，政府对商业信用市场的监管政策，如信用评级标准、信用保险制度等，也会影响商业信用的供给和企业对其的利用。例如，严格的信用评级标准会限制某些企业的商业信用获取，而信用保险制度可以降低企业因信用风险而产生的损失，从而鼓励企业利用商业信用。

三、企业创新经济后果的相关研究

（一）企业创新的宏观层面经济后果

1. 企业创新与经济增长

许多研究表明，企业创新推动了生产率和产出的增长，促进了经济整体的发展。首先，企业创新通过提高生产效率，促进了经济增长。技术创新尤其是那些能够显著提高生产率的技术，是推动经济增长的关键因素。Solow（1956）提出的索洛模型强调了技术进步在经济增长中的作用，认为技术进步是解释长期经济增长差异的主要因素。企业通过引入新的生产技术、改进生产流程和提高管理效率，可以降低生产成本，增加产出，从而推动经济增长。其次，企业创新通过创造新产品和服务来刺激市场需求，进一步促进经济增长。Schumpeter（1934）提出的创新理论强调了企业家精神在经济发展中的重要性，认为企业家通过引入新的生产要素组合，即创新，来打破旧的经济均衡，创造新的市场和需求。这种创新不仅包括产品创新，还包括过程创新、组织创新和市场创新，它们共同推动了经济的动态发展。最后，企业创新通过产业升级和结构调整，对经济增长产生深远影响。技术创新往往伴随着产业结构的变迁，旧产业的衰退与新产业的兴起。这种结构性变化不仅改变了经济的产出结构，还可能引发劳动力市场的变动，影响就业和收入分配。例如，自动化和人工智能的发展可能会减少对低技能劳动力的需求，同时增加对高技能劳动力的需求，这要求劳动力市场和教育体系进行相应的调整。然而，创新对经济增长的影响并非线性，不同类型的创新（如技术创新、产品创新、营销创新等）可能产生不同程度的影响，需要更好地区分创新类型之间的差异。此外，企业创新对经济增长的影响并非总是正面的。在某些情况下，创新可能导致资源错配、市场垄断、环境破坏等问题。因此，政策制定者在推动企业创新的同时，也需要关注这些潜在的负面影响，并采取相应的政策措施来加以缓解。

2. 企业创新对贸易和国际竞争力的影响

研究发现，企业创新是提高企业在国际市场上竞争力的关键因素。首先，企业创新能够提升产品质量和降低生产成本，从而增强企业在国际市场上的竞争力。技术创新使得企业能够开发出新的产品或改进现有产品，满足不同市场的需求，提高产品的附加值。同时，通过优化生产流程和提高生产效率，企业可以降低单位产品的生产成本，这在价格竞争中具有显著优势（Porter，1990）。其次，企业创新通过推动产业升级和转型，影响国家的贸易结构和国际竞争力。随着创新活动的推进，一些国家可能会从劳动密集型产业向技术密集型产业转型，这种产业结构的变迁会改变国家的出口结构，提高出口产品的技术含量和附加值（Lall，1992）。这种转型不仅提升了国家的整体竞争力，也有助于实现可持续发展。此外，企业创新对国际贸易格局的影响还体现在知识产权的保护和利用上。技术创新往往伴随着知识产权的产生，如专利、商标和版权等。这些知识产权成为企业在国际市场上竞争的重要工具，也是国家之间经济竞争的重要内容（Grossman 和 Helpman，1991）。有效的知识产权保护制度能够激励企业进行创新，同时保护其创新成果不被非法复制或窃取。然而，企业创新对贸易和国际竞争力的影响并非总是积极的。技术创新可能导致某些传统产业的衰退，影响这些产业的出口和就业（Feenstra，1998）。此外，技术创新也可能加剧国际贸易不平衡，技术领先国家可能会通过技术出口获得更多的贸易顺差，而技术落后国家则可能面临更大的贸易逆差。

（二）企业创新的中观层面经济后果

1. 企业创新对产业结构的影响

现有研究表明，创新可以推动产业结构的升级和转型，是推动产业结构变革的核心动力及产业结构升级的关键因素。具体而言，企业通过研发新技术、新工艺，可以提高生产效率，降低成本，从而在竞争中获得优势。这种技术创新不仅能够提升现有产业的竞争力，还能够催生新的产业和市场。例如，从传统制造业向高附加值的技术或服务型产业转变。信息技术的发展催生了互联网经济，改变了传统的商业模式和消费习惯，促进了电子商务、云计算、大数据等新兴产业的兴起（Bresnahan 和 Trajtenberg，1995）。我国学者立足于当前经济环境认为企业必须具备创新能力，才能在激烈的市场竞争中脱颖而出。企业创新能力的提升有助于推动产业结构升级，实现经济高质量发展（陈露和刘修岩，2024），这一观点也与我国近年来积极推动创新驱动发展战略的方针一致。同时，他们指出，企业创新对产业结构升级的推动作用需要在良好的政策环境中才能得以实现。而企业创新对产业结构的影响并非总是积极的，在某些情况下，创新可能导致某些传统产业的衰退，对就业和地方经济产生负面影响（Pavitt，1984）。例如，自动化和人工智能的发展可能会减少对低技能劳动力的需求，导致就业结构的变化。此外，创新活动可能导致资源和人才的不均衡分布，加剧区域发展的不平衡性（Feldman，1994）。

2. 企业创新对产品市场的影响

创新通常会带来产品和服务的差异化，提高企业的市场竞争力。现有研究发现，创新对企业的市场地位和盈利能力具有显著影响。首先，产品创新是企业提升市场竞争力的主要途径之一。通过开发新产品或改进现有产品，企业能够满足消费者不断变化的需求，从而吸引更多的客户。这种创新可以是功能上的改进，也可以是设计上的创新，或者是用户体验的优化（Christensen，1997）。其次，企业创新对市场竞争力的影响还体现在成本控制上。通过创新，企业可以提高生产效率，降低单位产品的生产成本，从而在价格竞争中获得优势。这种成本优势可以使企业在保持产品质量的同时，提供更具竞争力的价格，吸引价格敏感的消费者（Porter，1985）。此外，企业创新还能够增强品牌价值，提升市场竞争力。品牌是企业的重要资产，通过创新，企业可以不断强化品牌形象，提高消费者对品牌的认知和忠诚度（Teece，1986）。然而，企业创新对市场竞争力的影响并非总是积极的。创新可能导致市场的垄断化，或者由于创新活动可能会带来高昂的研发成本，如果创新成果不能有效转化为市场优势，企业会面临财务压力甚至导致一些企业因创新失败而面临市场退出的风险。过度依赖创新也可能导致企业忽视现有市场和客户的需求，从而影响市场竞争力（Tushman 和 Anderson，1986）。

3. 企业创新对劳动力市场的影响

一些研究指出，创新活动能够创造更多的就业机会，提高劳动生产率，从而对经济产生积极的影响。首先，企业创新通过引入新技术和生产方式，可以提高劳动生产率。这种生产率的提升可能会减少对低技能劳动力的需求，因为自动化和智能化的生产线可以替代部分人力（Autor 等，2003）。然而，这种替代效应并不意味着就业机会的绝对减少，因为技术创新同样可以创造新的就业岗位。例如，新技术的开发和维护需要高技能的工程师和技术人员，从而为高技能劳动力提供就业机会。其次，企业创新可能会改变劳动市场的结构。随着创新活动的推进，某些行业可能会经历快速增长，而其他行业可能会衰退。这种结构性变化导致劳动力从衰退行业向增长行业转移，从而影响就业的地理分布和行业分布（Goos 等，2014）。这种转移可能会带来短期的就业不稳定，但长期来看，劳动力市场通常会适应这些变化。最后，企业创新对工资水平也有影响。技术创新提高某些岗位的工资，因为这些岗位需要的技能变得更加稀缺和有价值。然而，对于那些被自动化替代的低技能岗位，工资可能会受到压力，因为这些岗位的供给会超过需求（Acemoglu 和 Autor，2011）。同时，新技术的出现要求这些岗位的工人不断适应新的生产方式和工作要求，由此对终身学习和技能更新的需求增加，这会提高对继续教育和职业培训的需求，从而影响劳动力市场的教育和培训结构（Autor 和 Dorn，2013）。然而，企业创新对就业和劳动市场的影响并非总是积极的。在某些情况下，创新可能会导致劳动力市场的分化，即所谓的"技能偏斜技术变革"（Skill-Biased Technological Change），这种变革倾向于提高对高技能劳动力的需求，从而减少对低技能劳动力的需求（Katz 和 Murphy，1992）。这种分化导致收入不平等的加剧，因为高技能工人会获得更高的回报，而低技能工人会面临就业困难和收入下降。

（三）企业创新的微观层面经济后果

1. 企业创新对生产率的影响

甄峰（2016）从行业视角研究了企业创新对生产率的影响。通过微观视角探讨了我国纺织业企业创新与生产率之间的关系。研究发现，企业创新对生产率具有显著的正向影响。具体来说，创新可以帮助企业提高生产流程的效率，优化资源配置，进而提高整体生产率。此外，创新还可以帮助企业应对市场环境的变化，提高市场竞争力。然而，创新并非一蹴而就，需要在长期发展中持续投入和积累。因此，企业需要制定合适的创新战略，以实现创新与生产率的协同发展。刘夏等（2023）从区域视角分析了企业创新对生产率的影响。揭示了企业创新与生产率关系的区域差异和行业特点，为我国创新政策的实施提供了针对性的依据。

2. 企业创新对绩效的影响

一些研究表明，创新能够通过降低成本、增加收入、增强品牌优势三个路径，最终提升企业绩效。首先，企业创新能够降低成本。通过引入新的生产技术和工艺，企业可以优化生产流程、减少浪费、提高资源利用效率。这种效率的提升可以直接转化为成本的降低（Womack 等，1990）。其次，企业创新对收入增长的贡献是显著的。通过开发新产品或服务，企业可以开拓新的市场，吸引新的客户群体，从而增加收入。这种收入增长不仅来自新市场，还来自现有市场的份额提升（Christensen，1997）。最后，企业创新还能够提升企业的市场地位和品牌价值。创新产品或服务往往能够为企业带来差异化竞争优势，提高其在消费者心中的品牌认知度和忠诚度。这种品牌优势可以转化为更高的市场份额和定价能力，从而提高企业的市场绩效（Keller，1993）。基于以上三个方面的影响路径，我国学者立足于我国国情进行了研究，韩东林（2008）基于 2007 年我国工业企业创新的调查数据分析，探讨了中国规模以上工业企业创新与绩效的关系，研究发现，创新对企业绩效具有显著的正向影响。在此基础上，崔连广等（2017）从效果推理理论视角出发，研究了企业创新与绩效提升机制，进一步揭示了创新与绩效之间的内在联系。然而，也有研究指出企业创新对绩效的影响并非总是积极的，一些创新可能会面临市场风险和技术不确定性，带来负面的经济效果。因为创新活动往往伴随着较高的风险和不确定性。如果创新项目未能成功，或者未能有效转化为市场优势，企业面临财务损失（Teece，1986）。此外，过度依赖创新也可能使企业忽视现有业务的维护和改进，从而影响其整体绩效（Henderson 和 Clark，1990）。

3. 企业创新对供应链的影响

企业创新能够推动供应链的优化和升级，提高整个供应链的效率和响应市场变化的能力。首先，企业创新在供应链管理方面的应用可以显著提高供应链的效率。通过引入先进的供应链管理技术和方法，企业能够实现库存的优化、物流的自动化和信息流的实时监控（胡海文和马士华，2020）。这种技术的应用不仅提高了供应链的透明度，也使得企业能够更加灵活地应对市场需求的变化。其次，企业创新在信息技术方面的应用对供应链的影响尤为显著。云计算、大数据分析和人工智能等技术的应用使得企业能够更好地预测市场需求，优化生产计划和物流调度。这种信息技术的创新使得供应链更加灵活和透明，能够快速响应市场变化（冯华等，2018）。通过这些技术，企业可以实时分析供应链数据，提前发现潜在的问题和机会，从而做出更加精准的决策。最后，企业创新还能够推动供应链的绿色化和可持续发展。通过采用环保材料、节能技术和循环经济模式，企业可以降低供应链的环境影响，同时提高资源利用效率。这种绿色创新不仅有助于企业履行社会责任，还能够为企业带来长期的经济利益（Seuring 和 Müller，2008）。例如，通过改进包装材料和设计，企业可以减少废弃物的产生，同时降低运输成本。然而，企业创新对供应链的影响并非总是积极的。创新活动可能会带来供应链的复杂性增加，从而增加管理难度。例如，新产品的开发可能会引入新的供应商和物流渠道，增加供应链的复杂度。此外，技术创新的快速迭代可能会使供应链中的某些环节变得过时，需要不断进行调整和升级。

第二节 研究述评

综观上述国内外相关研究，在投资者异质信念与企业创新方面得出了一系列具有理论意义和实践价值的研究成果，为后续研究提供了有益启示。然而，现有研究仍存在可以完善的空间。

一、企业创新行为影响因素的研究视角有待拓展

金融领域中的资本市场作为企业创新活动的重要资金来源，是影响企业创新决策的重要因素，在金融对企业创新影响的研究中，较少涉及资本市场中投资者有限理性特征，部分研究以投资者情绪为视角，考察投资者"一致性"特征，忽视了"分歧性"。实际上，相对于投资者在某些市场状态下呈现出短期的意见"一致性"，"分歧性"更为长期和常态化，研

究管理层的创新投资决策如何受到投资者异质信念而不是投资者情绪的影响更具现实性。另外，从投资者关注到投资者情绪再到投资者异质信念这三个有限理性典型特征产生的顺序来看，相对于投资者心理过程起点的投资者关注，心理过程终点的异质信念，才是管理层创新投资决策之前，在面对投资者的有限理性特征时，更直接也是更值得参考的因素。鉴于此，有必要以投资者异质信念为视角探讨其对企业创新行为的影响，拓展企业创新影响因素研究的思路。

二、投资者异质信念对企业创新行为的影响及影响机制有待完善

对于投资者异质信念对企业创新行为有何影响，又是通过何种机制作用影响的企业创新行为？现有研究较少深入阐述。而研究影响及影响机制才能从根本上理解资本市场（投资者异质信念）对企业财务行为（创新决策）的作用。由于管理层是企业创新决策的主体，研究就应具体侧重探讨投资者异质信念对管理层创新行为的影响及影响机制。现有外部投资者对企业财务决策影响的相关探究，往往基于传统财务学中管理层为"理性经济人"的前提假设，仅从管理层理性决策的单一情境下展开，实际上在真实的资本市场中，管理层并非完全理性，投资者与管理层的有限理性特征共存。鉴于此，有必要将投资者异质信念分别置于管理层理性与非理性决策情境下，系统研究投资者异质信念影响企业管理层创新决策的影响及影响机制，并且探讨不同影响机制下，投资者异质信念影响企业创新决策的类型有何差异。

三、投资者异质信念影响企业创新行为的商业信用供给效应有待检验

现有研究考察投资者有限理性特征对企业创新投资决策的影响时，往往忽略了其影响在供应链情境中商业信用方面的经济后果，即较少考察企业创新决策调整后的商业信用供给如何，而现有文献大多研究企业获得商业信用后，如何通过缓解融资约束进而影响企业创新。而现实中企业获得商业信用的同时也对外提供商业信用，如何降低创新企业商业信用供给，

同样能起到缓解融资约束促进企业创新的重要作用。鉴于此，有必要在考察投资者异质信念对企业创新行为的影响及影响机制的同时，从商业信用供给的角度探讨其经济后果，系统研究创新策略对商业信用供给的作用结果，并深入比较实质性创新和策略性创新对企业商业信用供给的差异性影响。由此，将研究视角向下延伸至投资者异质信念影响企业创新的可持续性问题，为投资者异质信念影响企业创新决策提供完整的证据链。

综上所述，虽然国内外学者对企业创新的研究成果丰富，但投资者异质信念对企业创新行为的影响、影响机制及经济后果尚未得到足够的关注，本书则试图在此方面深入系统研究。

第三章　概念界定与理论基础

第一节　概念界定

一、投资者异质信念

传统经济学的假设：人是"经济人"，是追求自己利益的自利人，同时也是精于算计的理性人，这一方面要求信息的及时性和完整性，另一方面要求人这一主体具有相应的能力来处理信息。但是作为普通的投资者大都并不能满足上述条件，即人不是"理性经济人"，存在着有限理性，在认知的过程中会存在明显的认知偏差，即表现为投资者注意力的有限性，情绪过程中的情感心理偏差突出表现为投资者乐观、悲观情绪，意志过程中的意志信念偏差突出表现为投资者异质信念。

（一）投资者有限理性的心理偏差作用机制

行为金融学的基础——认知心理学认为，人是信息传输的媒介和信息加工的主体，投资者决策的过程就是其偏好选择的过程，其中主要涉及信念的形成和完善、推理的形成，以及依据投资者自身的偏好进行决策的过程，决策过程实质是对所接收信息进行加工的全部过程，人的行为反应则是信息处置决策过程的结果。决策过程可分为信息输入、信息加工处理、信息输出与行动四个主要环节。同样地，将这一机理分析解释为投资者从利用信息决策到交易行为最终资产定价的过程。证券市场上资产价格的形成实质上是投资者交易行为的函数，而他们的交易行为又是各自所掌握的信息与之相匹配的决策权的函数。因此，投资者通过收集、分析、加工相关的信息（主要是会计信息）做出与之匹配的决策，产生交易行为，进而形成证券市场资产价格。

投资决策是由主体主观本身的能力与客观的决策环境决定的，主观上，投资者的投资决策可以视为一个心理过程，包括认知过程、情绪过程和意志过程。对输入的信息进行特定的处理是认知过程、情绪过程和意志过程等每个过程都会经历的，每个阶段的每次处理都会存在有限理性的成分，都有可能导致投资者心理的偏差，有限主义所导致的认知偏差可能存在于对资本市场的认知过程中；系统性的情绪偏差可能产生于情绪过程中；而认知偏差与情绪偏差的双重作用可能在意志过程中的影响更为显著，表现为异质信念。以上三个过程导致投资决策发生偏差，进而导致了投资者的行为偏差（Goetzmann 和 Kumar，2005；Kumar，2009），并最终影响股票定价。投资者有限理性的心理偏差的作用机制如图 3-1 所示。

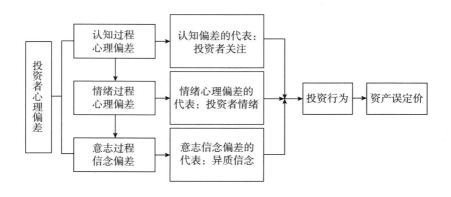

图 3-1　投资者有限理性的心理偏差的作用机制

（二）投资者有限理性的心理偏差表现

1. 认知过程的代表性偏差：投资者关注

注意是人们认知活动的第一步，认知过程中资源的有限性会对人们的信息分类和识别过程产生重要影响。Kahneman 和 Tversky（1973）为此提出了选择性注意的能量分配模型，在该模型中，将注意作为心理资源的分配，在某段时间内，注意的认知资源数量和可以利用的认知能量两者的多少取决于唤醒水平，并且唤醒水平与可利用的认知能量存在显著的正向关系。可利用的认知能量决定了需求总量，并依据各方面的需求来分配可利用的认知能量。这说明长期倾向分配策略和暂时意愿分配策略是心理资源面对任务时两种选择，注意的选择决定了分配方案的选择。这意味着较低的唤醒水平会导致可分配资源量的缺乏，或者由于面对的问题较为复杂，此时心理资源超过了其决策能力，从而导致投资者行为偏差的出现。

关注度或称注意力，是人类认知的稀有资源之一，它泛指人类大脑中心认知处理能力的局限性，通过信息从外部输入大脑，被大脑理解、记忆和反应的认知层面的心理活动，对外界信息选择性、转移性和可分解性的指向与集中的能力。Kahneman 和 Tversky（1973）认为关注是一种有意识活动，这种意识活动是输入处理外界信息的能力，受到外界刺激，这种处理能力会增强或者减弱，以影响意识资源如何分配，如何调整处理信息的决策。投资者关注度指每位投资者在给定的一段时间里，只能处理有限的信息。投资者关注分为主动关注和被动关注，相比被动关注，主动关注更能直接判断投资者对某个特定股票的注意力。基于此，本书将投资者主动搜寻上市公司信息作为投资者关注的直接表现。

2. 情绪过程的代表性偏差：投资者情绪

认为认知限制和情绪觉悟的极限是有限理性的重要内涵，都是信息处理的限制体现。情绪过程依赖于认知过程，情绪是认知引发的结果，是认知的产物，所以投资者决策心理在经过认知过程后进入的是情绪过程，情绪化是有限理性在情绪过程中的重要表现，是具有动机和知觉的能动力量。个体感觉系统受到外界信息刺激，感知不同，相应产生的情绪也不同，当自身感知信息有益于自身，就会诱发个体积极的情绪反应，个体也就会做出倾向于该信息的行为；如果自身感知信息有害于自身，则诱发个体消极情绪反应，也就会做出规避该信息的行为。所以情绪过程中的代表性偏差投资者情绪能够显著地影响信息加工并且影响行为决策。

学术界对于投资者情绪的内涵还未形成统一的意见，更没有给出一个大家公认的、规范性的定义。Lazarus（1991）认为投资者自身的认知结构对其系统性认知偏差的投资信念产生重要的影响，从而导致投资者情绪的产生。为了对未来的情况作出准确的预测，Barberis 等（1998）认为将详细地描述交易者的非理性加入模型中，也就是说，交易者在运用贝叶斯法则时出现了错误，或者在运用主观预期效用理论时出现了错误，将投资者如何形成信念和价值的过程称为投资者情绪。基于此，本书借鉴 Lazarus（1991）、Barberis 等（1998）的研究，强调投资者的心理本质和心理特征来对投资者情绪进行定义，投资者情绪是投资者在对股票市场上的信息有全面认识的基础上，对股票市场以及上市公司所进行的主观判断，对股票表现的总体乐观或悲观。

3. 意志过程的代表性偏差：投资者异质信念

投资心理决策经过认知过程、情绪过程之后，进入第三个过程——意志过程，在意志过程中，投资者会在信息的认知和情绪的基础上对股票收益分布产生判断，形成信念。在资本市场上，由于个体投资者与机构投资者较多，作为普通的个体投资者，由于知识、信息、判断以及能力等存在较大的区别，个体投资者往往表现出异质性，机构投资者同样在投资判断上存在异质性（Shefrin 和 Statman，2000），这是先验异质信念，先验异质信念会影响投资者对股票的正确定价。此外，还有后验异质信念，在利用已有的信息进行决策的过程中，由于信息的不充分以及不对称，投资者可能会依据对不确定信息进行交易，投资者之间产生意见分歧，导致公司的股票价格偏离其内在价值，降低了资本市场上对信息利用的效率，使股票剧烈波动，破坏证券市场的平稳健康发展。先验异质信念和后验异质信念都可能会导致资产误定价，先验异质信念是与个人自身知识、能力等密

切相关很难改变，而后验异质信念很容易受到信息的影响，会计信息尤其
盈余信息的大幅波动势必加大投资者信念分歧，基于此，本书将投资者异
质信念狭义定义为后验异质信念。

二、企业创新行为

（一）企业创新行为的概念

企业创新行为是指企业为了适应市场变化、提高竞争力、实现可持续
发展而进行的一系列创造性活动。这些活动包括但不限于新产品的开发、
新服务的提供、新工艺的引入、新商业模式的探索、组织结构的调整、管
理流程的优化等。企业创新行为的概念强调了创新在企业成功中的核心地
位，同时也指出了创新过程中的挑战和机遇。企业需要建立创新文化，鼓
励员工提出新想法，并通过有效的管理和激励机制来实施和推广这些创新。

（二）企业创新的特征

企业创新通常具有以下几个特征：一是风险和不确定性。由于创新活
动通常在未知领域，涉及新理念、新技术、新市场等不确定的因素，可能
带来失败的风险，同时也可能带来巨大的回报。企业需要有承担风险的能
力，也需要在不确定环境中做出决策。二是持续性和动态性。创新不是一
次性事件，而是一个持续的过程。企业需要不断推陈出新，适应市场和技
术的变化，保持竞争优势。三是创新意识和文化。创新行为涉及新思想、
新方法或新解决方案的产生，这些新元素在实施前并不存在于企业或市场
中。企业创新需要全员参与，需要有创新的意识和文化。员工需要有创新
的思维方式，管理层需要提倡创新，并且制定相应的政策和流程来支持创
新活动。四是跨部门和跨组织。创新往往需要跨部门、跨行业的合作和集
成资源，涉及企业内部多个部门和外部合作伙伴的协作。需要系统性的规
划和管理，打破部门之间的壁垒，实现信息共享和资源整合。五是市场导
向和客户需求。创新的目的是为了满足市场和客户的需求，因此市场导向
是企业创新的重要特征。企业需要时刻关注市场和客户的变化，不断改进
和创新产品和服务。这些特征共同构成了企业创新的核心。创新是企业持

续发展和竞争优势的重要驱动力，对企业的发展具有重要意义。六是可持续性。成功的企业创新行为不仅关注短期利益，还注重长期价值的创造，以及对环境和社会的积极影响。

（三）企业创新的分类

企业创新包括技术创新、商业模式创新、组织创新、管理创新等多个方面。

1. 技术创新

技术创新是指开发新的技术、产品或生产工艺，以提高产品性能、创造新市场或满足新客户需求的过程。技术创新的特点包括：一是技术进步。技术创新通常涉及对现有技术的改进或全新的技术发明，这些进步可以是渐进式的，也可以是突破性的。二是应用导向。企业技术创新往往以解决实际问题、满足市场需求或提升企业竞争力为目标，具有很强的应用性和市场导向性。三是风险与不确定性。技术创新过程中存在一定的风险和不确定性，因为新技术的成功应用往往需要时间和资源的投入，且结果难以预测。四是知识与信息。技术创新依赖于企业内部的知识积累和外部信息的获取，包括对市场趋势、客户需求、竞争对手动态的了解。五是资源投入。技术创新需要企业投入大量的研发资源，包括资金、人力和物力，以支持新技术的研究、开发和商业化。六是知识产权。企业技术创新往往伴随着知识产权的产生，如专利、商标、版权等，这些知识产权是企业创新成果的重要保护手段。技术创新的效果包括：一是带来新产品和服务。技术创新有助于开发新产品、新服务或提升现有产品的性能，通过不断改进来满足客户的需求。二是提高生产效率。新技术的引入往往能够提高生产效率、降低成本、增加生产能力，从而提高企业的竞争力。三是推动行业发展。技术创新可以推动整个行业的发展，创造新的市场机会，对整个社会产生积极的影响。

2. 商业模式创新

商业模式创新是指企业在商业模式方面采用新理念、新方法、新技术，以求得竞争优势并取得长期发展的能力。商业模式创新强调的是企业在市场定位、盈利模式、合作模式等方面的创新。商业模式创新的特点包括：一是价值创造。商业模式创新通常涉及创造新的价值，这可能是通过提供新的产品或服务、改进现有产品或服务或者通过新的交付方式来实现。二是客户关系。创新可能改变企业与客户之间的互动方式，如通过直接销售、订阅模式、共享经济等方式，以更好地满足客户需求和偏好。三是收入来源。商业模式创新可能涉及开发新的收入流，如通过增值服务、数据销售、广告收入等方式，来增加企业的盈利能力。四是成本结构。通过优化供应链管理、采用新技术、提高运营效率等方式，商业模式创新有助于降低企业的成本，提高利润率。五是渠道策略。创新可能包括对分销渠道的重新设计，如电子商务平台的建立、多渠道销售策略的实施等，以提高市场覆盖率和客户接触点。六是核心资源和能力。商业模式创新可能要求企业重新评估和配置其核心资源和能力，以支持新的业务模式。

3. 组织创新

组织创新是指企业在组织结构、业务流程、员工行为等方面进行的创新。组织创新的特征包括：一是流程优化。通过重新设计和优化业务流程，使企业更加高效、灵活并能够更好地适应市场需求。包括对企业内部工作流程的优化，如采用精益管理、六西格玛等方法，以减少浪费、提高生产效率和服务质量。二是结构创新。涉及企业内部组织架构的调整，如扁平化管理、矩阵结构、项目团队等，以提高决策效率和响应市场的速度。改进内部沟通机制，如采用新的信息技术工具，以提高信息传递的效率和透明度。三是领导力创新。涉及领导风格的转变，如从传统的权威型领导向参与型、变革型领导的过渡，以适应快速变化的商业环境。四是人力资源管理创新。包括招聘、培训、绩效评估和激励机制等方面的创新，以吸引和保留人才，提高员工的工作满意度和忠诚度。五是文化创新。涉及企业文化的变革，如建立创新导向的价值观、鼓励员工提出新想法、增强团队合作精神等，以激发员工的创造力和积极性。

4. 管理创新

管理创新是指在企业管理模式、方法和思维方式上的创新。管理创新的特征包括：一是战略管理创新。涉及企业战略规划和执行的创新，如采用新的市场进入策略、产品差异化战略或国际化战略，以适应市场变化和客户需求。二是流程管理创新。包括对企业内部工作流程的优化，如采用精益管理、六西格玛等方法，以减少浪费、提高生产效率和服务质量。三是财务管理创新。涉及财务决策、资本结构、风险管理等方面的创新，如采用新的财务分析工具、资本运作策略或风险评估模型。四是信息技术管理创新。包括利用信息技术改进企业管理，如实施企业资源规划（ERP）系统、客户关系管理（CRM）系统或供应链管理（SCM）系统，以提高信息处理和决策支持能力。五是知识管理创新。涉及企业知识资产的管理和利用，如建立知识共享平台、实施知识产权战略或知识转移计划，以促进知识创新和传播。六是企业文化创新。包括对企业价值观、行为规范和工作氛围的创新，如建立创新导向的企业文化、鼓励员工提出新想法、增强团队合作精神。

综上所述，技术创新重点在于新产品、新服务以及生产优化，商业模式创新强调市场定位、盈利模式、合作模式的创新，组织创新注重于流程优化和员工参与，管理创新则侧重管理理念和策略的变革。企业需要在这四个方面寻求平衡，以实现全面的创新发展和长期竞争优势。

本书将企业创新行为界定为技术创新，企业在产品、工艺、服务或管理等方面引入新的技术或改进现有技术的过程。这种创新活动旨在提高企业的竞争力，通过技术进步来实现生产效率的提升、成本的降低、产品质量的改进以及新市场的开拓。

三、管理层理性决策

在传统财务学领域，理性人假设（Rational Person Assumption）是构建经济模型和分析决策过程的基础。这一假设源自经济学中的理性选择理论，它假设个体在面对选择时会追求最大化自己的效用或利益。在这一框架下，个体被视为能够完全理性地处理信息，评估各种选择的成本与收益，并基于这些评估做出最优决策。在实践中，理性人假设通常被用作分析和解释管理层决策行为的起点。理性人假设在企业财务管理决策中的应用主要体现在管理层如何基于企业当前的财务状况、市场信息、行业趋势等因素，制定出能够最大化企业价值的策略。具体而言：

（一）战略决策方面

在企业战略决策中，理性人假设的应用是至关重要的。这一假设认为，管理层在制定战略时会基于对企业内部资源和外部环境的全面分析，做出最有利于企业长期发展的决策。这种决策过程要求管理层具备高度的信息处理能力和前瞻性思维，以便在复杂多变的市场环境中找到最佳的发展路径。首先，管理层在分析企业内部资源和能力时必须深入了解企业的财务状况，包括资产负债表、利润表和现金流量表等关键财务指标。这些数据能够帮助管理层评估企业的财务健康状况，确定资金的可用性和投资能力。其次，管理层还需要评估企业的技术优势，包括研发能力、专利技术、生产工艺等，这些都是企业在市场中保持竞争力的关键因素。人力资源同样是企业的重要资产，管理层需要考虑员工的技能、经验和潜力，以及如何通过培训和发展计划来提升团队的整体能力。在关注外部环境时，管理层需要对宏观经济趋势保持敏感，如经济增长率、通货膨胀率、利率水平等，这些因素都会影响企业的运营成本和市场需求。行业动态，如行业增长率、竞争格局、技术变革等，也是管理层必须密切关注的。此外，政策法规的变化，如税收政策、环保法规、贸易协定等，都可能对企业的经营产生重大影响。竞争对手的动向，包括他们的市场策略、产品创新、并购活动等，也是管理层在制定战略时不可忽视的因素。在战略决策过程中，理性人假设强调的是决策的逻辑性和一致性。管理层在考虑多元化投资、市场扩张、产品创新等策略时，必须确保这些策略与企业的长期愿景和核心价值观相契合。这意味着管理层需要在追求短期财务回报的同时，也要考虑到这些决策对企业长期发展的影响。例如，一项短期内可能带来高回报的投资，如果与企业的长期战略不符，可能会损害企业的品牌形象和市场地位。为了实现战略目标，管理层需要在风险和回报之间找到平衡。这要求管理层具备风险管理的能力，能够识别潜在的风险，并制定相应的应对策略。同时，管理层还需要确保企业的财务稳健，避免因过度冒险而导致资金链断裂或财务危机。这可能涉及建立风险评估机制，如敏感性分析、情景分析等以及制定风险缓解措施，如多元化投资、保险覆盖等。

（二）资本预算和项目投资决策方面

理性人假设强调管理层会基于项目的预期现金流、风险评估以及资本成本来决定是否进行投资。这涉及对项目未来收益的预测，以及对项目风险的量化分析。理性人假设认为，管理层能够准确评估这些因素，并选择那些净现值（NPV）为正、内部收益率（IRR）高于资本成本的项目，从而实现资本的有效配置。风险管理是企业财务管理中的另一个重要领域。理性人假设体现在管理层如何识别、评估和应对潜在的风险，包括市场风险、信用风险、流动性风险等。理性人假设认为，管理层会通过建立风险管理框架，运用衍生品等金融工具来对冲风险，以保护企业免受不利市场变动的影响。贝叶斯法则在管理层决策中的应用进一步强化了理性人假设的实用性。贝叶斯法则提供了一种在新信息到来时更新先验概率的方法，这对于不断变化的市场环境尤为重要。在实际决策过程中，管理层会不断地接收到新的市场数据、消费者反馈、竞争对手动态等信息。理性人假设认为，管理层会利用贝叶斯法则来调整他们对不同决策结果的概率估计，从而做出更加适应市场变化的决策。例如，当管理层接收到关于市场需求的新数据时，他们会将这些信息与先前的信念结合起来，更新对产品销售前景的预测。这种动态的决策过程要求管理层具备快速学习和适应的能力，以便在信息不断更新的环境中做出最佳选择。贝叶斯法则的应用，使得管理层能够在不确定性中寻找到最有可能的解决方案，从而提高决策的准确性和效率。

本书将管理层理性决策界定为管理层在决策过程中遵循贝叶斯法则，在面对众多选择时进行缜密的权衡，对所有可得的信息进行系统性分析做出最优的决策。在当前我国资本市场融资融券规模不平衡以致融资融券制度的实施并未实质性放松卖空限制的背景下，投资者异质信念导致股价被高估、外部融资成本降低，管理层此时根据贝叶斯法则将新信息与先前的信念结合起来，判断出低成本融资时机，做出最优融资决策。由此，使得之前因融资成本高昂而无法实施的创新投资项目变得可行，融资资金到位，创新投资增加。

四、管理层非理性决策

理性人假设在传统经济学和财务管理理论中扮演着基石角色，它假设个体在决策时能够完全理性地评估所有信息，追求最大化个人或企业的利益。然而，现实生活中的决策过程远比理论模型复杂，个体在实际决策中往往受到多种非理性因素的影响，这些因素使得理性人假设在实际应用中面临挑战。影响管理层非理性决策的因素主要有：第一，认知偏差是影响个体决策的重要因素。认知偏差是指个体在处理信息、形成判断和决策时的系统性错误。例如，过度自信（Overconfidence）可能导致管理层高估自己的判断能力，从而在投资决策中承担不必要的风险。损失厌恶（Loss Aversion）则可能导致管理层在面对潜在损失时过于保守，错失良机。锚定效应（Anchoring）是指个体在做出决策时过分依赖初始信息，即使后续信息表明初始信息不准确，个体的决策仍然受到其影响。这些认知偏差在企业财务管理中可能导致资源配置不当、投资决策失误等问题。第二，情绪因素是影响决策的重要非理性因素。情绪波动如恐惧、贪婪、焦虑等，可能在关键时刻影响管理层的判断力。在市场波动或企业面临重大决策时，情绪的影响尤为显著。例如，恐惧可能导致管理层在市场下跌时过早出售资产，而贪婪可能使他们在市场上涨时过度投资。这些情绪驱动的决策往往与理性分析相悖，导致企业价值的损失。第三，信息不对称是实际决策中的一个挑战。在企业内部，信息的传递和处理可能存在偏差，导致管理层无法获得完整、准确的信息。此外，外部环境中的信息也可能因为市场竞争、监管政策等因素而变得不透明。信息不对称导致管理层做出基于不完整信息的决策，增加了决策失误的风险。第四，企业内部的政治斗争、文化差异和沟通不畅等问题，同样会对管理层的决策产生影响。政治斗争导致资源被用于内部竞争而非企业的整体利益，文化差异影响团队成员之间的协作和信息共享，而沟通不畅则导致关键信息的遗漏或误解。这些问题都可能削弱理性人假设在实际决策中的应用效果。

为了应对这些挑战，现代财务管理实践开始关注和应对非理性因素对决策的影响。为了更好地理解和预测管理层的决策，研究者和实践者越来越多地采用行为金融学的方法，考虑个体和组织层面的非理性因素。因为行为金融学和心理学的研究提供了新的视角，理解个体在面对复杂决策时的非理性行为。为了提高决策质量，研究者和实践者开始关注这些非理性因素，并尝试通过设计更加严格的风险评估流程和激励机制来应对这些挑战。具体而言：

（一）应对管理层决策时的认知偏差方面

首先，针对过度自信的问题。过度自信可能导致管理层在评估项目风险时过于乐观，忽视潜在的负面后果。为了应对这一问题，企业可以设计出更加严格的风险评估流程。这包括采用多维度的风险评估模型，如蒙特卡洛模拟、敏感性分析等，以确保管理层能够全面考虑各种可能的风险情景。同时，企业还可以引入第三方专家的意见，通过外部审计和咨询来提供客观的风险评估，减少管理层因过度自信而产生的盲点。其次，针对损失厌恶的问题。损失厌恶可能导致管理层在面对潜在损失时往往表现出过度的风险规避行为。为了鼓励管理层在面对损失时保持理性，企业可以在激励机制中引入适当的设计。例如，可以设置非线性的激励计划，使得管理层在实现超额业绩时获得更高的奖励，而在未达到预期目标时，损失的惩罚相对较小。这样的激励机制有助于平衡管理层的风险厌恶，鼓励他们追求高回报的投资机会，同时避免因过度保守而错失良机。最后，针对锚定效应问题。一是系统性分析。系统性分析是对抗锚定效应的有效策略。这种分析方法要求管理层不仅依赖于直觉或初步印象，而且通过使用财务模型、市场分析工具和历史数据，从多个角度对问题进行全面评估。例如，财务模型可以帮助管理层理解项目的现金流预测，市场分析工具可以揭示市场趋势和竞争对手的动态，而历史数据则提供了过去决策的参考，帮助管理层识别模式和趋势。这种多维度的分析有助于管理层形成更加客观和全面的决策视角。二是定期复盘。定期复盘要求管理层定期回顾过去的决策，分析决策过程中可能存在的锚定效应。通过这种反思，管理层可以识别出在决策时可能受到的初始信息的影响，从而在未来的决策中更加警觉。复盘过程还可以揭示决策中的成功和失败因素，为管理层提供宝贵的经验教训，帮助他们在未来避免犯同样的错误。在关键决策时，引入外部专家或顾问可以提供新的视角和独立的评估。这些专家通常具有丰富的行业经验和专业知识，他们不受企业内部偏见和文化的影响，能够提供更加客观的建议。他们的参与有助于打破内部的锚定效应，确保决策过程的公正性和有效性。三是建立标准化的决策框架。标准化的决策框架是提高决策质量的另一个关键措施。这样的框架包括一系列预设的问题和因素，要求管理层在做出决策前进行系统性的思考。例如，框架可能要求管理层考虑项目的长期战略符合性、风险与回报的平衡以及资源的最优配置。这种框架有助于管理层在决策时超越初始信息，确保决策的全面性和深入性。四是群体决策。群体决策是减少个体锚定效应的有效方法。在团队决策过程中，不同成员的多样性可以带来不同的见解和信息，这有助于形成更全面的视角。群体讨论可以促进信息的交流和观点的碰撞，从而减少单一视角带来的局限性。此外，群体决策还可以通过集体智慧来平衡个体的偏见，提高决策的质量和可靠性。五是模拟和情景分析。通过模拟不同的决策路径和情景，管理层可以预见到各种可能的结果，从而更好地理解决策背后的风险和收益。这种方法有助于管理层在面对不确定性时超越初始信息，做出更加灵活和适应性的决策。

（二）应对管理层决策时的情绪因素

管理层可以按照管理心理学中洛萨达比例的要求，将好情绪和坏情绪的比例尽量控制到 3：1（每三次积极情绪中有一次消极情绪，能保持积极态度和积极行动），进行日常情绪管理，控制消极情绪，积极理性地做出决策。例如，一是定期的情绪反馈会议。在决策过程中，定期进行情绪监测，识别可能影响决策的情绪波动。这可以通过定期的心理健康评估或团队反馈会议来实现。管理层可以定期组织会议，让团队成员有机会分享自己的感受和情绪。这种开放的沟通环境有助于识别和解决潜在的情绪问题，也能够增强团队的凝聚力和信任。二是决策支持系统与决策分离。利用数据分析和人工智能技术建立决策支持系统，这些系统可以提供客观的数据和分析，帮助管理层超越情绪，基于事实做出决策。此外，还应该将决策分离。在可能的情况下，将决策过程分为几个阶段，允许管理层在每个阶段之间有时间去反思和调整情绪。这种分离可以帮助管理层在决策时避免情绪冲动。三是多元化决策团队。在关键决策过程中组建多元化的决策团队，确保团队成员具有不同的背景和观点。这样可以减少单一情绪对决策的影响，促进更全面的讨论和分析。四是心理咨询服务。企业可以提供心理咨询服务，帮助管理层和员工处理个人和职业生活中的压力。专业的心理咨询师可以提供策略和工具，帮助管理层更好地理解和管理自己的情绪。五是培训和积极情绪的培养。通过培训管理层可以更好地理解情绪决策的危害。这种培训可以通过工作坊、研讨会或在线课程等形式进行，也可以通过参与团队建设活动、庆祝成功、设定和实现个人目标等方式，旨在提高管理层对认知偏差的认识，并教授他们如何识别和克服这些偏差。这些活动可以帮助管理层培养和维持积极情绪，以保持动力和热情，即使在面对挑战时也能保持积极态度。这样不仅有助于提高个体的决策能力，还能促进整个组织文化的发展，鼓励更加开放和批判性的思维方式。

（三）应对信息不对称问题

一是建立和完善信息共享与沟通机制。企业需要构建一个全面的信息共享平台，这个平台应实时更新关键数据，确保所有决策者都能够轻松获取到最新的业务信息。这个平台可以是企业内部网、知识管理系统或专门的协作工具，它应该具备高度的安全性和易用性，以便员工能够快速地上传和访问信息。同时，企业应通过定期的内部会议、工作坊和团队建设活动，促进不同部门之间的沟通与协作。这些活动不仅有助于信息的流通，还能够增强团队精神，提高员工的参与感和归属感。此外，企业还应利用内部通信系统，如内部新闻简报、电子邮件通信或企业社交网络，来传播公司文化、战略方向和重要通知，确保信息的透明度和及时性。二是深化市场研究与数据分析能力。企业应投入必要的资源进行市场研究，包括消费者行为分析、竞争对手策略评估和行业趋势预测，以获取外部环境的全面信息。这些研究结果对于企业制定市场策略、产品开发和客户服务至关重要。同时，企业应与外部咨询公司合作，利用它们的专业知识和资源，获取更深入的市场分析报告。在数据分析方面，企业应采用大数据分析、人工智能和机器学习等先进技术，自动化数据收集、清洗、分析和可视化过程。这些技术可以帮助管理层从海量数据中提取有价值的洞察，支持基于数据的决策制定，以提高决策的科学性和准确性。三是提高决策透明度与评估信息流通机制。企业应提高决策过程的透明度，向员工解释决策的原因和预期结果，增强员工的信任感和工作积极性。这可以通过内部网站、全员大会或定期的沟通会议来实现。同时，企业应定期进行内部审计、员工满意度调查和决策结果跟踪分析，以评估信息流通机制的有效性。这些评估活动有助于发现信息流通过程中的问题，如信息传递的延迟、信息的不准确或不完整等。一旦发现问题，企业应及时进行调整和优化，确保信息流通机制的高效运行。通过这些措施，企业可以确保决策过程的质量和效率，提高整体的运营效率和市场竞争力。

（四）组织结构、企业文化和激励机制等组织层面的因素也对管理层的决策产生深远影响

一个开放和透明的组织结构有助于信息的流通，使得管理层能够基于全面的信息做出决策。企业文化则塑造了员工的行为规范和价值观，影响着管理层对风险和回报的评估。例如，一个强调创新和长期发展的企业文化会鼓励管理层采取更为进取的策略，而一个注重短期业绩的文化则导致管理层过于关注即时的收益。激励机制的设计需要与企业文化和组织结构相协调。一个有效的激励机制不仅要与企业的战略目标一致，还要能够适应组织内部的动态变化。例如，企业可以通过设置长期股权激励计划，将管理层的利益与企业的长期发展绑定，从而促进管理层在决策时考虑企业的长远利益。同时，激励机制还应该考虑个体差异，为不同层级和职能的管理层设计差异化的激励方案。在实践中，企业可以通过培训和教育来提高

管理层对非理性因素的认识。通过定期的决策培训和心理辅导，管理层可以更好地理解自己的认知偏差和情绪反应，学会如何在决策过程中识别和克服这些非理性因素。此外，企业还可以建立决策支持系统，利用数据分析和人工智能技术来辅助管理层处理大量信息，提高决策的效率和准确性。

通过结合理性人假设和行为金融学的见解，可以更全面地理解管理层如何在复杂和不确定的环境中做出决策。总之，理性人假设为理解管理层决策提供了一个理论框架，但在实际应用中，需要考虑现实世界中的非理性因素和复杂性。通过整合传统财务学和行为金融学的研究成果，可以更深入地理解管理层如何在追求企业价值最大化的同时，处理信息、评估风险、做出决策，并应对不断变化的市场环境。这种综合视角有助于企业制定更加科学、合理和有效的财务决策策略。

本书将管理层非理性决策界定为，企业决策者并非按客观标准决策而是倾向于把复杂的问题简单化，根据经验或主观直觉通过简化来做出决策。作为企业创新决策主体的管理层通过观察资本市场上股票换手率等交易指标，判断出外部投资者对企业存在积极和消极预期的异质信念时，会产生出乐观和悲观两种情绪，并根据情绪反应及时调整相应的投资决策迎合投资者而获取个人利益。在不同类型投资迎合行为证据中，创新活动的迎合证据明显较强，是其他资本支出敏感性的 4~5 倍。即投资者异质信念通过"管理层情绪效应"机制影响了企业创新。

第二节　理论基础

一、投资者有限理性理论

由于传统金融理论并不能够很好地解释投资者异常行为和金融市场异象，一些学者开始慢慢地接受市场并非总是信息有效的，投资者并不总是完全理性的，套利也不能够完全消除非理性投资者对股票价格的影响，在此基础上发展出了行为金融学理论。Burrel（1951）最早提出了行为金融理论，从行为学的角度出发研究投资者的决策过程。但由于20世纪70年代和80年代正好是传统金融理论的发展时期，这一观点一直未引起人们的重视。直到80年代后期，De Bondt 和 Thaler 发表了《股票市场过度反应了吗》的文章，该文被认为是行为金融理论的开端之作。此后，行为金融的研究有了突破性进展。90年代以来，行为金融理论更进一步地得到学术界认可并繁荣发展。

作为金融经济学的一个分支，行为金融学采纳了心理学的一些观点，研究投资者心理对其制定金融决策的影响。具体来说，行为金融学是以金融经济学和心理学为基础，并将其他相关学科的研究成果应用于金融问题的研究中的学科。然而时至今日，学术界并没有给予行为金融学一个公认的定义。而是主要从以下几个方面来对其进行描述：一是行为金融学融合了心理学、决策理论、经典经济学和金融学等学科，认为行为金融学利用了投资者的信念与偏好、认知和社会心理学的研究成果，其与传统金融学在本质上是一致的，都是为了在一个框架下构建统一的理论，来解决金融市场中所面临的问题。二是行为金融学是为了解释那些与传统金融学相违背，但是在金融市场中真实存在的现象。认为行为金融学是指在金融市场上，综合运用行为科学、心理学和认知科学的研究成果来解释传统金融学无法解释的现象。三是行为金融学研究了投资者在决策过程中产生系统性偏差的过程。研究人类作出决策的依据，以及对其决策进行解释。Shiller（2003）综合上述学者的观点发现，行为金融学的主要特征：一是与传统金融学的理念关于投资者理性的认识不同，以心理学和其他相关学科为基础，强调投资者有限理性。二是以投资者实际的心理决策为依据，对投资者的心理状态进行分析，进而对投资者的决策进行研究，并且对投资者对资产定价的影响进行研究。

（一）有限理性的内涵

传统金融学是以有效资本市场的假设人是"经济人"为前提，认为投资者是理性人，这里的"理性"包括两层内涵：一是投资者进行的投资决策是理性的，以效用最大化为目标，投资者能够对其了解的信息做出准确、及时的处理，进而对市场进行无偏估计；二是即使投资者非理性但是非理性的行为是随机的，存在套利者来平抑市场的波动。所以投资者的理性行为是保证市场有效性的一个条件，换言之，因为理性的投资者决定了证券的价格，理性的投资者在处理信息时能够正确、恰当地使用统计工具，而不依赖于经验法则，投资者的理性不会因为形式的不同而干扰其进行决策，进而认识事物本质所在，从而做出正确的判断和决策，即使是市场中存在少数有限理性人，其投资行为是随机发生，价格与价值的偏差是暂时的，套利者随时可以发现这种偏差通过套利予以纠正，长期来看每种证券的价格与内在价值仍然保持一致，因而市场是有效的。伴随着金融学研究的深入发展，投资者是理性人的观点受到了不同程度的质疑。

在传统金融学研究的经济理性假设受到质疑的背景下，行为金融学中的有限理性理论逐渐得到学术界的重视。Simon（1955）把心理学应用到金融决策和资本市场，对传统金融理论的"理性人假说"进行了修正，提出了"有限理性"的概念。针对传统金融学"理性"的两层含义分别分析：

一是在现实的资本市场中，各类投资者对股价的认知分布表现为有限理性的，投资者由于存在各种各样的认知偏差，主要表现在投资决策过程中许多理性之外的感知、情绪和信念。在投资者的决策机制中，由于认识和思维过程是一种复杂的多层系统，会受到注意力的限制、情绪的影响和异质信念的干扰。首先，在认知过程中出现了系统性的认知偏差，包括投资者有限注意等；其次，在情绪过程中，投资者产生系统与非系统性的情绪偏差；最后，投资决策在经过意志过程的处理过程中，认知过程和情绪过程也会对投资决策的形成产生影响，对股票预期产生意见分歧即异质信念等。所以，决策过程中投资者表现出有限理性典型的三种特征：投资者关注、投资者情绪、投资者异质信念。投资者自身有限理性特征使投资者无法达到理性预期和效用最大化，投资者的有限理性使得其在决策中会犯错，很难用理性人的方式对市场做出一致的无偏估计。

二是有限理性的投资行为也并非完全随机，而是表现出系统性的偏差。用于纠正错误定价的套利策略面临着很大风险和套利成本，因为在现实的资本市场上，套利成本是时时存在的，不仅寻找套利机会需要成本，而且进行套利活动也需要成本。当市场上存在非理性的错误定价时，即便存在套利的可能，由于套利者需要考虑进行套利活动所带来的超额回报与套利活动的成本，套利者不一定能够通过套利行为纠正非理性的错误定价，特别是当套利带来的超额回报不足以弥补其套利成本时，非理性的错误定价可能长时间地存在，并且此时的股价并不能反映其内在价值。此外，在进行套利活动时，不仅要考虑套利过程中存在的系统性风险，还要考虑非系统性风险，如面对套利机会时，投资者可能实施相反的套利活动，以期在股票错误定价消除时能够获得超额的回报，由此可见，非系统风险一般是由投资者发生的非理性预期变动所引起的。但是，在股票错误定价消除之前，可能出现更大程度的股票错误定价，这是因为投资者的盲目跟风以及其非理性情绪所导致的，从而会使套利者在短期内需要承担价值损失，更为重要的是如果相关股票被强制性平仓，套利者的价值损失将会变成真正的价值损失，从而使套利者丧失获利的机会。由此，套利成本和套利风险的存在，影响套利行为的顺利进行，从而导致证券价格的偏离，所以错误定价可能持续下去，市场不再有效。

（二）有限理性的心理偏差

根据前文有限理性心理偏差作用机制的分析，主观上，投资者的投资决策可以视为包括认知、情绪和意志三个心理过程，并且在每个过程中都会对输入的信息进行特定的操作，任一阶段的操作中掺杂了非理性因素，投资者都有可能产生心理偏差，在对信息的认知过程中，投资者往往会产生有限注意的认知偏差；在情绪过程中，投资者往往会产生系统与非系统性的情绪偏差；在意志过程中，投资者往往会受到以上两个过程的影响，对股票预期产生信念偏差。由此，三个心理过程导致投资决策发生偏差，进而导致投资者的行为偏差（Goetzmann 和 Massa，2005；Kumar，2009），并最终影响股票定价。

1. 认知偏差

传统资本资产定价模型没有考虑投资者认知偏差的定价作用，而是假定市场信息能够迅速被所有投资者获得并使用，而投资者有限理性理论认为，投资者认知对资本资产定价起到关键性的作用，同样也对市场资源配置的效率起到决定性的作用。投资者的投资对象都是自己所"了解"的股票，是股票市场的一个小小的子集，这些构成了投资者的最优投资组合。关注度是一种稀缺的认知资源，重要的或只被投资者充分关注的信息才能有效地反映在股价中（权小锋和吴世农，2010），因为，人的大脑记忆能力和知觉分析系统都是有限的，使得个体往往表现为有限的信息处理能力，具体而言，尽管市场中存在与公司相关的特定信息，由于投资者有限注意力的存在，投资者并不能够关注所有的信息，投资者对海量的市场信息仅能保持有限的关注（Kahneman 和 Tversky，1973），于是投资者对于市场中股票存在选择性的关注状态，投资者的注意力将集中于那些所谓的概念题材股，或是交易和收益具有异常性质，抑或是含有重要的新闻曝光点的部分股票。根据注意力驱动交易理论，随着关注度的提高，投资者会表现出显著的净买入行为（Baber 和 Odean，2008），该行为在短期内将引起股价持续推高，股价被高估的可能性增大。可以说，投资者的关注是市场中股票错误定价形成的关键驱动因素和前提条件（权小锋和尹洪英，2015）。

2. 情绪偏差

情感是人们判断客观事物是否符合自己的需要时所产生的一种主观体验，或表示人情绪上的感觉。投资者情绪偏差指的是基于投资者感情或情绪所产生的非理性思想、观点以及看法的集合。人们对同一事件的判断经常因不同的心情而给出不同的答案，正是受市场中投资者非理性情绪的影响，导致了资产价格的高估或者低估，并产生了在某一特定时间内朝同一个方向偏离其均衡价值的现象，而造成这一现象的根本原因就是投资者对未来预期产生了系统性偏差（Stein，1996）。伴随着投资者情绪的高涨和跌落，证券市场的价格也经历着大幅度的起伏波动。投资者普遍持积极乐观的态度，预期价格会上涨，使得他们忽略不好的信息，轻信利好信息，大量投资者跟从模仿进而形成系统性的行为趋同。这种过度乐观的经济预期使公众对资产价格的估计远远超越了客观规律所能预期的合理范畴，资产价格不断上涨，引发更多的资金追涨，而新资金的注入令价格进一步上涨，资产价格高涨会产生一种锚定效应，反过来影响投资者对资产价值的判断，形成了"正反馈机制"。在正反馈机制推动下，金融资产的价格远高于其内在价值，资产价格被严重高估。

3. 信念偏差

传统金融理论关于资产定价考虑的是"代表性投资者"定价问题，即假设所有投资者是同质的，因而可以用单个的代表性投资者来代替整个经济系统（熊和平和柳庆原，2008）。显然，"代表性投资者"的假定有悖于真实资本世界中的运行状况，在现实的资本市场中，投资者并不能像传统理论所假设的那样，依据效用最大化进行投资决策，并且能够按贝叶斯法则调整自己的信念，投资者本身也具有异质性，他们的投资能力、对信息的反应、对风险的态度和买卖股票的目的等因人而异、因时而异、因环境而异，因此他们是异质的，是不断变化的，并且不是传统金融理论所说的偶然且随机地偏离理性。投资者有限理性理论认为，投资者存在信念偏差，交易策略行为不同导致资产价格波动，使价格可能偏离内在价值。因为，根据股票定价理论，股票的内在价值相当于未来现金流贴现的现值。而异质信念则意味着投资者在估计股票未来现金流时存在不一致，就会导致投资者的估价偏离股票的内在价值。由于受到投资者的异质信念和资本市场的卖空限制的共同影响，投资者对未来预期的差异最终将会反映到股票的均衡价格上。对未来预期乐观的投资者将会买入并持有股票，对未来预期悲观的投资者将不会采取任何行为或是卖空股票，因此股票的价格只是反映了持乐观态度的投资者，从而导致股票价格高于其内在价值（Miller，1977）。

二、企业创新理论

(一) 概述

创新，这一概念源自拉丁语，其核心含义涉及更新、创造新事物以及改变。在经济学领域，创新被视为一种手段，通过利用现有资源创造新事物，推动经济发展。美籍奥地利经济学家 Joseph Schumpeter 首次系统地提出了创新理论，用以解释资本主义经济的发展和周期性波动。Schumpeter 在其 1912 年的著作《经济发展概论》中，将创新定义为在生产过程中引入新的生产要素和生产条件的"新结合"。这一定义涵盖了新产品的引入、新生产方法的采用、新市场的开辟、新原料或半成品供给来源的获取，以及新企业组织形式的建立五个方面。随着时间的推移，尤其是知识经济的到来，对创新的认识和理解不断演进，创新模式随之发生变化。

Schumpeter 的创新理论强调了创新在资本主义经济中的核心地位，认为创新是打破旧均衡、实现新均衡的关键内部力量。他提出了"纯模式"和"四阶段模式"（繁荣、衰退、萧条、复苏）来描述创新波动对经济周期的影响。Schumpeter 还预见到，由于创新活动的多样性和复杂性，经济周期可能会出现多种形态。

20 世纪 60 年代，随着新技术革命的兴起，技术创新在创新活动中的地位日益凸显。美国经济学家 Walt Rostow 提出了"起飞"六阶段理论，强调技术创新的重要性。然而，技术创新的发展也带来了知识依赖性的增强，使得创新逐渐成为高知识群体的专属领域，形成了创新与应用之间的壁垒。

创新在研究领域产生，随后在经过一段时间后在应用领域得到接受和采纳，这成了第二次世界大战后人类更熟悉的创新扩散模式。在创新扩散研究中，最有代表性的是 Everett Rogers 的研究工作，他所提出的创新扩散理论从 20 世纪 60 年代起就一直在领域内居于主导地位。Roger 认为创新扩散受创新本身特性、传播渠道、时间和社会系统的影响，并深入分析了影响创新采纳率和扩散网络形成的诸多因素。进入 21 世纪，信息技术推动下知识社会的形成及其对创新的影响进一步被认识，科学界进一步反思对技术创新的认识，创新被认为是各创新主体、创新要素交互复杂作用下的一种复杂涌现现象，是创新生态下技术进步与应用创新的创新双螺旋结构共同演进的产物。

（二）创新理论的发展

1. 技术创新与知识经济

在知识经济时代，创新理论的发展呈现出新的趋势。技术创新不再局限于技术层面的突破，而是与知识的创造、传播和应用紧密相连。知识经济的核心在于信息和知识，这要求企业不仅要在技术上进行创新，还要在知识管理上下功夫。知识产权的保护、研发投入的增加、教育体系的完善以及专业技能的培养，成为推动创新的关键因素。知识产权的保护是知识经济中创新活动的基础。它确保了创新者能够从其创新成果中获得合理的回报，从而激励更多的创新投入。研发投入的增加则直接关系到企业技术创新的能力。企业通过持续的研发活动，不断推动技术进步和产品升级，以适应市场需求的变化。教育和培训在知识经济中扮演着至关重要的角色。企业开始重视员工的知识技能培养，通过建立内部培训体系，提升员工的专业技能和创新能力。同时，企业也开始与教育机构合作，共同培养适应未来市场需求的人才。此外，知识共享和学习机制的建立，如知识管理系统（KMS）的引入，使得企业内部的知识资源得以有效整合和利用，进一步促进了创新活动的开展。

2. 开放创新

Henry Chesbrought 提出的开放创新理论为企业创新提供了新的视角，这一理论认为企业不应局限于内部资源的开发，而应积极寻求外部合作，通过与大学、研究机构、供应商、客户甚至竞争对手的合作，共享资源和知识，实现创新的最大化。开放创新模式鼓励企业打破传统的创新边界，利用全球范围内的创新资源，通过合作和竞争来加速创新进程。在开放创新的框架下，企业可以更快地获取新技术，缩短产品开发周期，降低研发成本。同时，企业还可以通过开放创新平台，如众包、开源软件等，吸引全球范围内的创新者参与创新过程，从而激发更多的创意和解决方案。这种模式不仅提高了创新的效率，也为企业带来了新的商业模式和市场机会。开放创新还促进了跨行业的融合，使得企业能够跨越传统行业界限，探索新的增长点。

3. 创新生态系统

创新生态系统理论将创新视为一个由多个主体共同参与的复杂网络。在这个生态系统中，企业、研究机构、政府、投资者、供应商、客户等各方通过相互作用和协同工作，共同推动创新的产生和扩散。创新生态系统强调了环境因素对创新的影响，包括政策支持、市场需求、文化氛围等，这些因素共同塑造了创新的外部条件。在创新生态系统中，企业不再是孤立的创新主体，而是与其他参与者共同构建创新网络，形成创新集群。这种集群效应有助于资源的集中和优化配置，提高了创新效率和效果。企业通过参与创新生态系统，可以更好地把握市场动态，响应技术变革，实现可持续发展。创新生态系统还促进了知识流动和人才流动，为企业提供了一个更加广阔的创新平台。

4. 创新政策与战略

随着对创新理论的深入研究，创新政策和战略成为推动国家和企业创新能力提升的关键。政策制定者开始关注如何通过政策工具和激励机制促进创新活动，提高国家的创新能力和竞争力。这包括提供研发税收优惠、设立创新基金、建立创新平台等措施，以降低创新成本，激发创新活力。企业开始制定创新战略，以适应快速变化的市场和技术环境。创新战略涉及产品创新、流程创新、商业模式创新等多个方面。企业需要根据自身资源、市场定位和长期目标来确定创新的方向和重点。这要求企业具备前瞻性思维，能够识别和把握未来的趋势和机遇，同时，也需要具备灵活性，以便在市场和技术发生变化时能够迅速调整创新策略。创新战略的制定和实施需要企业内部各部门的紧密合作，以及与外部合作伙伴的有效沟通。

（三）创新理论的应用

创新理论在企业实践中的应用是多方面的，它不仅指导企业如何进行创新活动，还影响着企业的组织结构、文化和战略。以下是创新理论在企业实践中应用的几个关键方面：

1. 创新管理

创新管理是企业实现持续创新的关键。企业通过建立创新管理体系，鼓励员工提出新想法，并为这些想法提供实施的平台。这包括设立创新基金、举办创意竞赛、建立跨部门的创新团队等。企业还应对创新成果进行评估和奖励，以激励员工的创新热情。创新管理还包括对创新过程的监控和优化，确保创新活动与企业战略目标一致。这要求企业建立一个支持创新的组织结构，并提供必要的资源和支持，以及建立一个鼓励创新的企业文化。企业文化应当强调创新的重要性，鼓励员工勇于尝试，即使面临失败也应视其为学习和成长的机会。企业可以采取多种措施来激发员工的创新潜力。例如，实施员工参与计划，让员工参与到决策过程中，或者设立创新实验室，为员工提供一个自由探索和实验的空间。企业还可以通过设立创新基金，为员工的创新项目提供资金支持。此外，企业应建立一个公正的评价体系，对员工的创新成果进行评估，并给予相应的奖励。这种评价体系应当注重创新的实际效果，而不仅仅是创意本身。

2. 研发投入

研发（研究与开发）是企业技术创新的基础。企业加大研发投入，不仅体现在资金上，还包括人才培养和知识管理。企业应建立研发中心，与高校、研究机构建立合作关系，以获取最新的科研成果和技术。研发管理体系的建立至关重要，它需要确保研发活动与市场需求和企业战略相匹配，同时，也要关注研发成果的商业化过程。通过有效的研发管理，企业能够将科研成果转化为具有市场竞争力的产品和技术。企业应注重研发活动的质量和效率。这意味着企业需要建立一个高效的研发流程，确保研发团队能够快速响应市场变化，同时，也要注重研发成果的知识产权保护。企业还应与外部研究机构建立长期合作关系，通过共同研发项目、共享研发资源，以降低研发成本。此外，企业还应关注研发团队的人才培养，通过内部培训和外部引进，提升研发团队的专业技能。

3. 创新文化

企业文化对创新有着深远的影响。一个鼓励创新的企业文化能够激发员工的创造力，提高组织的创新能力和适应性。创新文化的核心是尊重多样性，鼓励跨部门、跨领域的合作，以及对外部环境的敏感性和快速响应。企业应通过培训、沟通和激励机制，培养员工的创新意识和能力。此外，企业还应建立一个容错机制，让员工在尝试新事物时不必担心失败的后果，从而敢于挑战现状，勇于探索未知。企业应从高层管理开始，树立创新的榜样。高层管理者应通过自己的行为，传递创新的重要性，并鼓励员工提出新想法。企业应建立一个多元化的工作环境，吸引来自不同背景的人才，以促进创新思维的碰撞。同时，企业应建立一个开放的信息共享平台，鼓励员工之间的知识交流与合作。

4. 创新战略

创新战略是企业在市场中保持竞争力的重要手段。企业应根据市场和技术发展趋势，制定创新战略，明确创新的方向和重点。这可能涉及产品创新、流程创新、商业模式创新等多个方面。企业需要通过市场调研、技术预测和竞争分析，来确定创新的优先领域，并制定相应的实施计划。创新战略的制定应与企业的长期目标相结合，确保创新活动能够为企业带来持续的价值增长。企业应结合自身的核心竞争力，明确创新的方向。这可能涉及产品的升级换代，也可能涉及新市场的开拓。企业应通过市场调研，了解消费者的需求，通过技术预测，把握技术发展的趋势。在制定创新战略时，企业还应考虑竞争对手的动态，确保自身的创新活动能够在市场上保持领先地位。

三、投资者异质信念对企业创新的影响分析

（一）融资成本理论

融资成本理论是财务学中的一个重要理论，它涉及企业融资和资本结构选择过程中的成本和效益。融资成本可以通过债务和权益两种融资方式进行分析。债务融资成本主要包括利息支付和债务发行成本，而权益融资

成本主要是股东要求的股息和股权发行成本。此外，还涉及信息不对称和市场风险等因素的成本，这些成本可能会影响企业融资决策的效率和质量。融资成本理论指出，融资成本受到多种因素的影响，如市场利率、通货膨胀率、企业信用状况、行业风险等。这些因素会影响债务和权益融资的成本水平，从而在融资决策中起到重要的作用。融资成本理论是财务管理过程中的重要理论，它为企业融资决策提供了理论基础和方法论。通过对融资成本的评估和分析，企业可以优化融资结构，降低融资成本，从而最大化股东财富，提高企业的市场竞争力。

由于我国的资本市场起步较晚，未受过专业投资教育的个人投资者占主导，以异质信念为代表的认知偏差严重，并且在融资融券制度推出前，我国资本市场长期存在卖空限制，投资者很容易通过股票交易表达看涨意见，而投资者无法通过卖空交易表达看空意见，即投资者的看空意见无法在股价中得到反映。自融资融券制度推出后，我国融资融券标的股票虽然可以同时进行融资交易和融券交易，但融资机制的存在为投资者提供了跟风的渠道，融券交易规模远小于融资规模，融资融券明显失衡。融资融券交易这种明显的非对称性使投资者的看涨意见很容易进入股价，看空意见仍无法进入股价，进而促使标的股票市场价格的提升，导致其仍然向上偏离企业的内在价值。综上所述，卖空限制并没有因融资融券制度的推出而有实质性的放松，投资者异质信念导致股价被高估的状态并没有改变。

根据融资成本理论，由投资者异质信念导致的股价高估会对企业的投资策略产生重大影响。作为企业投资活动的重要组成部分，创新投资势必也会受到股价高估的影响。这种影响的内在逻辑是：由于创新投资所需技术复杂、最终产出不易确定以及企业可供抵押获取贷款有形资产不足，企业为增加创新投入而进行外部融资时，往往因资金成本较高难以满足其资金要求而受到约束，面临许多财务限制，摆脱财务限制的方法就是进行融资。从融资方式上看，面对具有很高风险的创新投资项目，债权人因其自身的风险厌恶偏好，为企业的创新投资提供债务融资的意愿较弱，因此，高风险的创新投资项目资金更多的还是源于股权融资。在当前我国资本市场融资融券规模不平衡以致融资融券制度的实施并未实质性放松卖空限制的背景下，投资者异质信念导致股价被高估，外部融资成本降低，管理层在此时存在进行大量融资的强烈动机，由此，使得之前因融资成本高昂而无法实施的创新投资项目变得可行，融资资金到位，创新投资增加。

（二）情绪决策理论

管理心理学关注管理者的心理过程对组织决策和绩效的影响。其中情绪和预感对管理者决策的影响是管理心理学领域中重要的研究议题。管理心理学在这一领域主要关注管理者的情绪智慧和决策智慧，以及组织文化如何塑造、引导管理者情绪和预感对决策的影响。理解管理心理对决策的影响有助于提高管理者的决策质量、优化组织的决策过程，并最终促进组织绩效的提升。此外，管理心理学还提出针对情绪调节和决策智慧的培训和发展计划，以帮助管理者更好地应对情绪和预感在决策中的影响。

情绪是情感和心理状态在特定情境下的表现，它可能是个体对特定事物或情境产生的情感反应。情绪对管理决策有着重要的影响，即管理者的情绪状态可能对其决策行为产生显著影响。情绪可以影响管理者的认知、注意力和信息处理方式，进而影响个体对不同选择的评估和偏好，最终影响决策制定的质量。消极情绪可能导致决策者更为保守，更加注重风险规避；而积极情绪则可能导致更为乐观和开放的决策态度，做出更大胆的决策。理解管理者的情绪对决策行为的影响，有助于组织更好地培养情绪智慧和促进积极情绪的情境。

企业创新活动的资金需要量巨大，并且维持股价高估以保证低成本融资至关重要，而投资者作为给企业提供资金来源和直接影响股价的群体，其异质信念决定着投资行为和企业股价变化，因此，管理层在做创新决策时会密切关注投资者异质信念。根据行为财务学中的决策理论，企业决策者并非按客观标准决策而是倾向于把复杂的问题简单化，根据经验或主观直觉通过简化来做出决策。作为企业创新决策主体的管理层通过观察资本市场上股票换手率等交易指标，判断出外部投资者对企业存在积极和消极预期的异质信念时，会产生出乐观和悲观两种情绪，并根据情绪反应及时调整相应的投资决策迎合投资者而获取个人利益。在不同类型投资迎合行为证据中，创新活动的迎合证据明显较强，是其他资本支出敏感性的4~5倍。即投资者异质信念通过"管理层情绪效应"机制影响了企业创新。投资者异质信念激发了管理层的乐观还是悲观情绪，这取决于管理层对投资者的期望，若管理层对投资者抱有的期望是投资者普遍消极预期公司的未来，而当管理层识别出意识到投资者异质信念的存在，即发现投资者中还有持积极态度者，管理层的乐观情绪就会被激发。在乐观情绪作用下，往往正面的预测和评估未来环境和事件，在行动上积极主动，通常会为自己设定高的目标并轻松地面对逆境和困难。由此，管理层倾向于采取激进的投资策略，增加具有很强不确定性的创新活动，迎合异质信念中的积极态度的投资者，推动股价上升。若管理层对投资者抱有的期望是投资者普遍积极预期公司的未来，而当其发现投资者中还有持消极态度者，管理层的悲观情绪就会被激发。在悲观情绪作用下，往往负面地看待和预测事件及环境变化，行动上更消极被动。由此，管理层选择保守的投资策略，更倾向于减少甚至放弃不确定性很强的创新活动，以保持住异质信念中的积极态度的投资者，同时避免消极态度的投资者的增加，以免股价下跌。

四、企业创新对商业信用的影响分析

（一）信号传递理论

信号传递理论是信息经济学领域的重要理论之一，它探讨了信息在经济决策中的传递和作用。信号传递理论最初由美国经济学家 Michael Spence 提出，后来得到了许多经济学家和管理学者的进一步研究和发展。该理论的核心思想是，个体通过发送信号来传递信息，从而影响其他个体的决策。在经济学和管理领域，信号传递通常涉及信息不对称的情况，即某些个体拥有更多的信息或者更准确的信息。信号传递可以帮助解决信息不对称问题，从而影响市场的配置和组织内部的决策。发送方通过选择信号来传递信息，接收方则根据信号进行决策。信号的有效性取决于发送方的信誉和接收方对信号的解读能力。总的来说，信号传递理论强调了信息在经济和管理决策中的重要作用，以及信息不对称下的信号选择与解读。它为研究经济和管理领域中的信息传递问题提供了重要的理论基础，并且对于理解市场运行和组织决策具有重要的指导意义。

基于企业创新的信号传递效应，创新策略降低了企业的商业信用供给。首先，创新能够显著促进企业技术发展，有利于提高企业未来绩效，传递积极信号，从而降低债权人对企业违约风险的评估水平，当企业开展创新活动尤其是高质量的创新活动时，可以使企业向银行、政府等传递积极信号，以示企业有做大做强的潜力，有机会同以上机构建立融资关系，获取贷款资源，而弱化企业的融资约束水平，使企业有能力提供商业信用。但有能力提供并不代表企业真实愿意提供商业信用，由于创新的高资金投入、高不确定性风险特性，以及银行发放贷款后对企业监督力度的增强，此时无论从企业自身还是债权人视角，都更愿意提高资金使用效率，减少对外提供商业信用。其次，创新向股票市场传递企业高成长性、高收益的信号，与股权投资者追求公司长远发展的目标相一致，使企业更容易获得股权投资者的资金支持，但这种支持必须建立在企业预期创新成功及公司绩效不断提升的基础上，为吸引持续的资金投入，企业有动机提高资金使用效率和资金回笼速度，降低商业信用供给。

与策略性创新选择相比，实质性创新策略更能降低企业商业信用供给。基于前文分析，虽然与策略性创新相比实质性创新更能提高企业的市场价值，推动企业技术进步并获取竞争优势，向市场传递积极信号，但同时所需时间和资金支持更多，创新失败的风险也更高，因此如果企业创新策略通过"信号传递效应"影响商业信用供给，那么面对企业的创新策略选择，无论是信贷资金的投资者还是权益资金的投资者，都有动力通过推动企业实质性创新来推动上市公司市场价值，并从中获取长期经营利润和投资回报，加强对创新企业的监督，相比策略性创新更有动机要求企业减少资金流出、降低商业信用供给。

（二）前景理论

前景理论是行为经济学中的一个重要理论，该理论认为，在不确定的风险环境下，人们的决策可能会受到损失厌恶的影响，即人们更倾向于为避免损失而做出决策，而对潜在收益则表现出相对的风险规避。这表明人们在决策过程中并非按照纯理性选择，而更倾向于寻求避免风险的策略。根据前景理论，人们在决策时更关注潜在损失，而不是潜在收益。这一理论对客户风险规避具有启发意义，因为它强调了人们的情感反应和风险态度在决策中的重要性。

基于客户对企业创新的"风险规避效应"，创新策略提高了企业商业信用供给。主要原因如下：首先，从接受创新的下游企业出发，鉴于创新活动具有周期长、风险高等特点，并且创新活动属于企业机密信息，为防止创新思想被其他企业盗用，创新企业一般会降低对外部的信息披露，增加与企业外部的信息不对称，当企业进行创新时，下游企业为了避免非对称信息背景下上游企业因创新失败而对本企业造成的经济损失，会要求上游企业提供一定的商业信用。其次，从创新企业本身出发，一方面，由于企业创新从创新思想产生到创新产品设计生产再到最终将创新产品推向市场得到广大消费者的认可需要一个漫长的过程，在此期间，创新企业为了在市场中获得竞争优势，留住客户，自身也有动力主动向下游企业提供一定的商业信用，给予客户一种担保机制。另一方面，当企业面临更加激烈的外部市场竞争环境及更高的不确定性时，产品创新战略是决定企业绩效成败的关键和企业维持绩效进步的利器。具体而言，创新领先者能够率先积累市场经验、实现规模经济；优先获取最有利的空间和位置等稀缺资源，并通过技术优势维持竞争优势，并以此向银行、政府等传递积极信号，以示企业有做大做强的潜力，进而有机会同以上机构建立融资关系，获取贷款资源，进而弱化了企业的融资约束，使企业有能力对外提供商业信用。

与策略性创新相比，实质性创新策略更能提高企业的商业信用供给。具体原因如下，由于实质性创新产品的质量在购买初期难以得到有效验证，为达到使实质性创新产品打开销路、获得竞争优势的目的，一方面，企业有动机给客户提供担保机制而提供商业信用，承诺若在交易之后的一段时间内创新产品出现质量问题，或创新企业没有履行做出的服务，下游客户企业可以拒绝支付货款，进而增加下游客户企业对创新产品的信心。另一方面，考虑到实质性创新未来耗费更多资金与时间以及由于经营环境的快速变化和动荡，使企业面临技术不连续发展、消费者偏好转变、新竞争对手涌现等不确定事件的冲击，为避免上游企业因开展实质性创新失败而对本企业造成的经济损失，下游企业更有动机要求上游实质性创新企业提供商业信用。因此如果创新策略选择影响商业信用供给的作用机制支持客户的"创新风险规避效应"，那么与策略性创新相比，企业实质性创新对商业信用供给的正面影响作用更大。

第四章 投资者异质信念与企业创新行为：基于管理层理性情境

第一节 引言

随着经济全球化以及经济的高速发展，国际市场竞争日趋激烈，创新能力越来越成为一国综合国力的体现。自 2010 年以来，我国已成为经济规模仅次于美国的第二大经济体，然而经济高速增长的同时也凸显了高损耗、低效率的问题，我国企业提高生产技术水平、进行自主创新变得至关重要。由此，企业创新问题成为近年来的研究热点。国内外学者对企业创新行为进行了研究，大多从实体经济层面关注企业创新问题，如从宏观层面的产业政策（黎文靖和郑曼妮，2016）、税收优惠（李维安等，2016）、政府补助（毕晓方等，2017；邹洋等，2018）、混合所有制（王业雯和陈林，2017）、政治关联（苏屹等，2018），到中观层面的市场竞争（徐伟等，2017）、客户集中度（孟庆玺等，2018），再到微观层面融资约束（Guariglia 和 Liu 等，2014；张璇，2017）、现金持有（蒲文燕和张洪辉等，2016；刘波，2017）、公司治理（方军雄等，2016；孔东民等，2017；刘宝华和王雷，2018）等方面探寻影响企业创新的因素，有关金融领域的影响因素仅涉及金融市场（金融发展、资本市场开放、卖空机制）、股票特征（股票流动性、股票错误定价）等方面，对资本市场中的投资者这一重要市场参与主体关注不足。

企业创新活动的资金需要量巨大，作为提供资金来源和直接影响股价的群体，外部投资者必然是影响企业管理层进行创新投资决策的重要主体。行为金融学的大量证据表明，资本市场上的投资者并非是完全理性的，投资者有限理性特征会直接影响其投资行为和股价，所以不管是出于企业价值最大化还是个人效用最大化的需要，管理层在创新决策时都会关注投资者有限理性特征，换言之，投资者的有限理性特征是影响管理层的创新决策的重要因素之一。现有针对投资者有限理性特征对企业创新影响的研究仅涉及投资者关注等方面，忽视了投资者的异质信念。异质信念是行为金融学中特有的概念，与传统金融学的投资者"同质预期"的观点不同，行为金融学认为由于在资本市场上信息不对称使得投资者获取的信息不同，以及投资者自身处理信息的能力也存在差异，投资者对企业未来的盈余预期会持有不同的看法。这种不同投资者对相同股票未来收益分布预期的差异会产生意见分歧，即投资者异质信念（Miller，1977），异质信念不是随机偶然发生，也不会因为理性投资者的套利行为而消失，异质信念长期存在。当前，我国资本市场中个人投资者占主导，致使投资者信息能力整体偏低，意见分歧偏大（丁慧等，2018）。相对于投资者在某些市场状态下呈现出短期的"一致性"情绪，投资者异质信念反映出的意见"分歧性"更为常态化，研究管理层的创新投资决策如何受到投资者异质信念而不是投资者情绪的影响更具现实性。另外，从投资者关注到投资者情绪再到投资者异质信念这三个有限理性典型特征产生的顺序来看，相对于投资者心理过程起点的投资者关注，心理过程终点的异质信念才是企业的管理层进行创新投资决策之前，在面对投资者的有限理性特征时更直接面对的也是更值得参考的因素。

基于我国依靠创新推动经济转型、新兴资本市场投资者异质信念突出的现实背景，投资者异质信念对企业创新行为究竟存在怎样的影响？其影响机制是什么？存在何种经济后果？这是亟待解决并需要深入研究的重要问题。具体需要讨论的问题是：一方面，随着投资者异质信念的增强，使得股票流动性降低，资本市场的配置效率降低，企业从外部融资难度加大，管理层注重短期利益而忽略长期发展问题加剧，企业创新是否受阻，即投资者异质信念是否通过"流动性效应"传导机制对企业创新产生负向影响。另一方面，投资者异质信念导致股价被高估，即股权融资成本降低，这对于需要筹集大量资金才能完成的创新投资无疑是重大利好，企业是否会通过"融资成本效应"加大创新投入，即投资者异质信念是否会通过"融资成本效应"传导机制对企业创新产生正向影响。进一步地，投资者异质信念对企业创新的抑制或促进作用对企业成长性影响如何？

　　本章研究可能的创新在于：第一，有别于现有研究大多从实体经济层面关注企业创新问题，而是聚焦金融领域，基于资本市场与企业创新决策的联动关系，以资本市场中投资者的异质信念，这一典型的、常态化的却又常被忽视的有限理性特征为切入点，研究投资者异质信念对企业创新行为的影响。本书将行为金融学中的投资者异质信念嵌入传统财务学，深化了行为金融学、传统财务学在企业创新投资领域的交叉研究，是企业创新行为影响因素研究视角的重要拓展。第二，遵循"投资者异质信念—股票特征变动—企业创新"的研究思路，尝试彻底打开投资者异质信念影响企业创新行为的"黑箱"。探究"流动性效应"与"融资成本效应"影响机制，是投资者异质信念对企业创新行为影响研究的深层次挖掘。第三，不局限于考察投资者异质信念对企业创新行为的影响及影响机制，而将研究延伸到创新价值实现问题，如果投资者异质信念通过"流动性效应"机制传导抑制企业创新损害了企业价值，意味着投资者异质信念对企业创新是不利的。如果投资者异质信念通过"融资成本效应"机制传导促进企业创新最终提升了企业价值，意味着投资者异质信念并非只有扰动资产价格的不利方面，它对企业创新有"好"的一面。本章研究是投资者异质信念对企业创新行为研究从影响、影响机制到经济后果的证据链整合，也是对投资者异质信念对企业创新作用的客观全面认知。

第二节　文献回顾及研究假设

一、投资者异质信念与企业创新行为："流动性假说"

传统金融学框架下投资者完全理性，其所掌握的信息也完全相同，对同一资产的未来收益分布均产生相同看法，形成投资者同质信念。然而，行为金融学中的投资者有限理性理论认为投资者并非完全理性，对企业未来收益分布的预期并不相同，存在意见分歧，即异质信念。由于投资者异质信念反映了不同投资者对于股票的预期，不同的预期会使投资者做出不同的投资决策，引起股票市场股票流动性的变化。具体而言，乐观预期的投资者会成为流动性提供者，会在当前价下单期望在股价上涨前以较低买价成交，而在卖空限制条件下，保持悲观预期的投资者，会采用限价订单下单，等待成交。此时，悲观投资者为降低成本会在合适时机使用对自己更有利的价格成交，但会造成流动性水平降低。投资者异质信念在卖空限制下，存在买家即时下单与卖家限价下单的矛盾，阻碍双方交易的达成，表现为股票流动性不足。如果放松卖空限制，悲观投资者通过不用限价下订单等待成交，而是可以实现融券后立即卖空，就可以缓解原有卖空限制下对流动性的消耗。从 2010 年 3 月 31 日起，我国证券市场开始实行融资融券制度①试点。理论上，融资融券制度有助于持有看空意见的投资者达成卖空交易，放松卖空限制。然而，在现实资本市场上，融券类别少、成本高、参与标准高，普通卖空投资者难以入场。这导致融券交易规模小，表现出弱风险对冲的效果。因此，市场不能仅以融资融券交易代表做空机

---

① 融资融券交易是指客户提供担保物向证券公司等中介机构借入资金买入上市证券（融资买入）或者借入上市证券进行卖出（融券卖出），并在约定期限内偿还所借资金或证券及利息、费用的证券交易活动。

制（巴曙松和朱虹，2016）。可见，即便融资融券推出也没有实质上放松
卖空限制，投资者异质信念仍旧在消耗股票流动性。

股票流动性较低有可能会对企业创新产生负面影响。这是因为，根据
代理理论，公司股东和经理人之间存在代理冲突，使得受较弱约束的公司
经理人可能会为谋取私利而背离股东目标，损害公司利益。由于公司进行
创新需要投入大量研发资金，从投入资金到收取回报会经历较长时间，使
得公司在短期经营过程中将面临流动资金短缺甚至资金链断裂的风险。如
若创新进展并不顺利，就会使得管理者个人报酬和职业声誉受到不良影
响。出于对自身利益的考虑，管理者在选择创新项目时会保持谨慎，常会
选择风险小和回报低的项目。如果一个创新项目需要大量人力和财力投入
且需面对较高创新失败风险，保守的管理者会放弃此项目。如果股票流动
性高，随之带来的收购压力有助于减轻代理成本，约束管理层为自身谋取
私利，迫使他们增加对公司长远发展的关注，进而投资价值较高的实质性
创新项目。如果股票流动性差，市场的惩罚机制不能充分发挥作用，收购
威胁减弱会放松对管理层的监督约束，降低管理层选择高风险、周期长的
创新投资意愿，即阻碍了公司创新。综上所述，卖空限制没有实质性放松
的情况下，如果股票流动性较低，控制权市场的惩戒功能会被削弱，管理
层为了自身的利益，放弃承担风险大周期长的创新投资项目，不利于企业
创新。基于此，提出如下假设：

H4-1：投资者异质信念通过"流动性效应"对企业创新产生负向
影响。

二、投资者异质信念与企业创新行为："融资成本假说"

投资者间存在意见分歧更符合资本市场真实运行状况，股价直接反映
了这种对未来预期的差异：如果资本市场存在卖空限制，投资者对未来预
期持积极意见就会买入并持有股票，投资者持消极意见就会因为卖空限制
不能实现卖空交易。此时，股票的价格中并未包含负面信息，反映的是正
面信息，导致市场资产产生估值溢价，即股价高估（Hong 和 Stein，

2007)。由于我国的资本市场起步较晚，未受过专业投资教育的个人投资者占主导，以异质信念为代表的认知偏差严重，并且在融资融券制度推出前，我国资本市场长期存在卖空限制，投资者很容易通过股票交易表达看涨意见，而投资者无法通过卖空交易表达看空意见，即投资者的看空意见无法在股价中得到反映。自融资融券制度推出后，我国融资融券标的股票虽然可以同时进行融资交易和融券交易，但融资机制的存在为投资者提供了跟风的渠道，融券交易规模远小于融资规模，融资融券明显失衡。融资融券交易这种明显的非对称性使投资者的看涨意见很容易进入股价，看空意见仍无法进入股价，进而促使标的股票市场价格的提升，导致其仍然向上偏离企业的内在价值。综上所述，卖空限制并没有因融资融券制度的推出而有实质性的放松，投资者异质信念导致股价被高估的状态并没有改变。

　　基于传统财务学中的投融资理论，由投资者异质信念导致的股价高估会对企业的投资策略产生重大影响。作为企业投资活动的重要组成部分，创新投资势必也会受到股价高估的影响。这种影响的内在逻辑是：由于创新投资所需技术复杂、最终产出不易确定以及企业可供抵押获取贷款有形资产不足，企业为增加创新投入而进行外部融资时，往往因资金成本较高难以满足其资金要求而受到约束，面临许多财务限制（Hall 和 Lerner，2010；张璇等，2017），摆脱财务限制的方法就是进行融资。从融资方式上看，面对具有很高风险的创新投资项目，债权人因其自身的风险厌恶偏好，为企业的创新投资提供债务融资的意愿较弱，因此，高风险的创新投资项目资金更多的还是源于股权融资。在当前我国资本市场融资融券规模不平衡以致融资融券制度的实施并未实质性放松卖空限制的背景下，投资者异质信念导致股价被高估，外部融资成本降低，管理层在此时存在进行大量融资的强烈动机，由此使得之前因融资成本高昂而无法实施的创新投资项目变得可行，融资资金到位，创新投资增加。基于此，提出如下假设：

　　H4-2：投资者异质信念通过"融资成本效应"对企业创新产生正向影响。

第三节　研究设计

一、样本选择与数据来源

本章选取 2008~2020 年中国 A 股上市公司的样本作为研究对象，按照以下步骤筛选样本：①剔除 ST、PT 样本；②剔除金融类、保险类行业的公司样本；③剔除数据严重缺失的样本；④剔除上市不足两年的样本；采用剩余的 971 家公司共 9688 个观测值，检验本章研究假设。连续型变量均在 1% 到 99% 上进行缩尾处理。

二、变量定义

（一）被解释变量

企业创新。现有文献主要采用研发投入与专利数据衡量创新。为了缩小不同行业、不同规模等因素之间的差距，采用研发投入与营业收入比值衡量企业创新投入。由于企业研发专利需要较长时间，最终结果是发明专利、实用新型专利与外观设计专利数量增加，进一步使用专利申请数的对数衡量企业的创新产出。

（二）解释变量

投资者异质信念。投资者异质信念作为投资者有限理性的典型心理特征之一，在计量方面比较困难和复杂，现有异质信念的研究大多仅以单一指标从单一方面衡量投资者异质信念，很难全面反映。构建投资者异质信念指数能够很好地克服这一衡量缺陷。处理多变量的统计分析方法有主成分分析与因子分析，但二者存在差异，前者侧重提取原变量共性，要求原变量之间是相关的，而后者主要通过寻找多个变量的共同元素并对其分类，以此实现简化原变量协方差结构目的。由于本章所选的多个原变量为不同视角下异质信念的代理指标，尽管各指标间的经济含义存在差异，但是都包含投资者异质信念成分，而构建投资者异质信念指数的目的在于提取不同代理指标中的相同成分，因而适合用主成分分析法。经过主成分分析，根据各原变量载荷为权重，构建出个股层面的投资者异质信念指数。本章对现有文献中投资者异质信念进行测度的单一指标逐年进行主成分分析降维、提取主成分，计算异质信念指数。综合现有文献，根据数据可获取性、准确性和新颖性的原则，从文献归纳 5 个指标变量（见表 4-1）拟合计算投资者异质信念指数。异质信念指数原始变量均经标准化处理，进行 KMO 检验，逐年检验结果均大于 0.50。根据主成分提取原则，选择特征值大于 1 和累计解释方差贡献率大于 65% 的因子，每年至少提出 2 个主成分；然后，使用公因子对应的方差贡献率作为权数，结合各个主成分的得分，最终计算出每年各个公司的投资者异质信念指数。

表 4-1　主成分分析构造投资者异质信念指数原始变量

变量名称	变量符号	变量说明
分析师预测分歧度	DISP	分析师每股收益预测标准差/公司每股收益实际值
年均换手率	Turnover	公司年均换手率
收益波动率	SDretwd	股票收益率的标准差
未预期交易量	Wyq	由个股换手率与市场换手率得出
股票年成交量	Ynshrtrd	股票年成交量

（三）其他变量

所有变量及其具体定义如表 4-2 所示。

表 4-2　基于管理层理性情境研究的变量定义

变量类型	变量符号	变量名称	变量定义
被解释变量	R&D	创新投入	研发投入/营业收入
	Patent	创新产出总和	（1+专利申请总量）的自然对数
	Invention	创新产出-探索式创新	（1+发明专利总量）的自然对数
	Udesign	创新产出-常规式创新	（1+实用外观专利总量）的自然对数

续表

变量类型	变量符号	变量名称	变量定义
解释变量	HIBL	异质信念指数	主成分分析方法得出
控制变量	Size	公司规模	总资产的自然对数
	Lev	财务杠杆	总负债/总资产
	Age	上市年限	（1+年度−上市年份）的自然对数
	Roe	盈利能力	净利润/所有者权益
	Cash	经营现金流	经营活动产生的现金流量金额/总资产
	Bsize	董事会规模	董事会人数的自然对数
	Indrct	独立董事占比	独立董事人数/董事会人数
	Liquid	流动性	流动资产/流动负债
	State	产权性质	国有企业为1，非国有企业为0
	Growth	成长性	（本年末营业收入−上年末营业收入）/上年末营业收入
	Dual	董事长与总经理两职合一	董事长与总经理兼任为1，不兼任为0

三、模型设计

建立模型（4-1）检验投资者异质信念与创新投资的关系。如果系数 α_1 显著为负，意味着投资者异质信念对企业创新投资产生了负向抑制作用；如果系数 α_1 显著为正，意味着投资者异质信念对创新投入产生了正向影响。

$$R\&D_{i,t+1} = \alpha_0 + \beta_1 HIBL_{i,t} + \gamma_1 Size_{i,t} + \gamma_2 Lev_{i,t} + \gamma_3 Growth_{i,t} +$$
$$\gamma_4 Roe_{i,t} + \gamma_5 Age_{i,t} + \gamma_6 Cash_{i,t} + \gamma_7 Bsize_{i,t} + \gamma_8 Indrct_{i,t} +$$
$$\sum Year + \sum Ind + \varepsilon \tag{4-1}$$

借鉴肖虹和曲晓辉（2012）、徐寿福（2017）等选取控制变量为公司规模 Size、财务杠杆 Lev、盈利能力 Roe、上市年限 Age、经营现金流 Cash、公司成长性 Growth、董事会规模 Bsize、独立董事占比 Indrct 等作为控制变量，以控制公司基本特征和组织结构对创新投资的影响。同时，采用多维固定效应线性回归方法，控制行业和年度的影响。对回归标准误差

在公司层面上进行 Cluster 调整。以 t+1 期创新投入为被解释变量，t 期的
投资者异质信念作为解释变量，是因为考虑到投资者异质信念影响企业创
新决策具有一定的时滞，同时也可以避免内生性问题。

第四节　实证结果及分析

一、描述性统计

描述性统计结果如表 4-3 所示，企业创新投入变量均值为 0.4600、
最小值为 0、中位数为 0.0031、标准差为 1.5024，创新投入的离散程度较
大，说明市场中不同企业的创新投入差别较大。这个差别产生可能是由于
公司规模、现金流稳定性、公司融资渠道宽泛程度及各自面临的融资成本
不同。企业专利对数均值为 3.7838、标准差为 1.8799，说明行业中企业
创新产出参差不齐，此结果说明公司拥有的技术先进程度不同导致企业创
新效率差距较大。由主成分分析得出的投资者异质信念指数变量样本均值
为 -0.0108、最大值和最小值分别为 2.1965、-1.0673，标准差为 0.6243，
异质信念的离散程度较大，说明我国资本市场中有较强的投资者异质信
念，标准差较大说明资本市场中投资者意见分歧度较大。股价高估中介变
量样本均值为 0.7331，最大值和最小值分别为 1.5874、0.0466，标准差
为 0.2844，企业股价高估的离散程度较大，说明不同企业融资成本存在
差距，其余变量描述性统计结果与已有文献并无二致。

表 4-3　基于管理层理性情境研究的描述性统计

变量	均值	标准差	中位数	最小值	最大值
R&D	0.4600	1.5024	0.0031	0	9.27
Patent	3.7838	1.8799	3.7612	0	8.5181

续表

变量	均值	标准差	中位数	最小值	最大值
Invention	2.5115	1.7802	2.3978	0	7.2647
Udesign	3.2740	2.0020	3.2580	0	8.1170
HIBL	−0.0108	0.6243	−0.1367	−1.0673	2.1965
YI	0.9830	0.0231	0.9918	0.8748	0.9999
Media	0.5276	0.4992	1	0	1
Deviation	0.7331	0.2844	0.7779	0.0466	1.5874
Size	22.6883	1.3708	22.5765	19.9903	26.4828
Lev	0.4966	0.1962	0.5058	0.0789	0.9172
Growth	0.1403	0.3486	0.0917	−0.5397	2.0546
Roe	0.0696	0.1235	0.0742	−0.6154	0.3662
Age	2.5583	0.5392	2.7080	0.6931	3.2958
Cash	0.0548	0.0711	0.0531	−0.1607	0.2519
Bsize	2.1905	0.1997	2.1972	1.6094	2.7080
Indrct	0.3715	0.0544	0.3333	0.3	0.5714
Liquid	1.7216	1.4142	1.3381	0.2240	9.0149
State	0.6199	0.4856	1	0	1
Dual	0.1594	0.3661	0	0	1

二、投资者异质信念对企业创新行为的影响

模型（4-1）的实证结果如表4-4所示，投资者异质信念系数 β_1 在 1%水平显著为正，可以初步判定投资者异质信念增强会对企业增加创新投入产生正向促进影响，假设 4-2 得到了支持。回归结果不支持"流动性假说"（即假说 4-1）可能是因为，融资融券推出没有实质上放松卖空限制的情况下，投资者异质信念仍会消耗股票流动性，而较低的股票流动性。对管理层的收购威胁减弱，一方面削弱了控制权市场的惩戒功能，另一方面使企业被恶意收购的概率降低，于是管理层选择放弃长期效益（降低研发投入）而换取短期收益，保障股票不被低估的短视问题缓解，有可能更加注重公司的长期利益，对企业的创新投入有一定的积极影响，并没有抑制企业创新。

表4-4　投资者异质信念对企业创新行为的影响

解释变量	被解释变量：R&D$_{i,t+1}$
HIBL	0. 1570 ***
	(6. 22)
Size	0. 1662 ***
	(3. 10)
Lev	−0. 1275
	(−0. 76)
Growth	−0. 1024 ***
	(−3. 36)
Roe	−0. 6080 ***
	(−4. 12)
Age	0. 5498 ***
	(5. 64)
Cash	−0. 2252
	(−1. 27)
Bsize	0. 0905
	(0. 51)
Indrct	−0. 8520 *
	(−1. 84)
_Cons	−4. 4318 ***
	(−3. 41)
Ind 和 Year	YES
N	9688
Adj. R^2	0. 6205
Within. R^2	0. 0274

注：括号内为 t 值；＊、＊＊和＊＊＊分别表示在10%、5%和1%水平上显著。下同。

三、稳健性检验

（一）更换被解释变量衡量方式

一是采用研发投入与总资产比值（Invest$_{i,t+1}$）衡量企业创新，重新对模型（4-1）进行回归，表4-5中结果（1）显示，企业创新投入与投资者异质信念在1%水平正相关，再次证明假设4-2：投资者异质信念对企业创新投入产生了正向影响。二是使用专利申请数的对数对企业创新进行测度，由于企业从投入研发（t+1期）到获得专利产出（t+2期）再到专利申请（t+3期），经过跨期才能完成，故总的专利申请数量取对数后取t+3期加入回归模型，结果（2）显示投资者异质信念的系数在5%的水平显著，再次证明了假设4-2。说明在我国资本市场实施融资融券制度并未实质性放松卖空限制的背景下，投资者异质信念对企业创新产生了正向影响。

表4-5　更换被解释变量回归结果

解释变量	被解释变量	
	（1）Invest$_{i, t+1}$	（2）Patent$_{i, t+3}$
HIBL	0.0006*** （3.02）	0.0320** （2.56）
Size	−0.0013*** （−2.91）	0.0456 （1.03）
Lev	−0.0002 （−0.16）	0.1598 （1.23）
Growth	0.0004 （1.56）	−0.0385 （−1.51）
Roe	0.0031** （2.30）	0.0568 （0.58）
Age	−0.0086*** （−7.28）	0.0268 （0.32）
Cash	0.0046** （2.35）	−0.0917 （−0.73）
Bsize	−0.0016 （−1.15）	0.1581 （1.47）
Indrct	−0.0061 （−1.59）	0.0194 （0.06）

续表

解释变量	被解释变量	
	（1）Invest$_{i,t+1}$	（2）Patent$_{i,t+3}$
_Cons	0.0702***	2.5034**
	(6.03)	(2.41)
Ind 和 Year	控制	YES
N	9688	9688
Adj. R^2	0.6686	0.9424
Within. R^2	0.0288	0.0058

（二）更换解释变量衡量方式

考虑到股吧中的股民评论能够充分反映广大投资者对于股市变动的态度，股民对股价变动的讨论能充分反映其乐观或悲观情绪以及对未来收益的预测。因此，使用来自中国上市公司股吧评论数据库（GUBA）的数据计算投资者异质信念指数进行检验。为了提高帖子情感判断准确性，此数据库使用有监督学习模型来判断股吧帖子的情感。数据库有监督学习在股吧帖子分类问题中的应用如下：一是事先对帖子正面、负面、中性三种文本内容进行人工标注；二是从有类似标注内容中获取数据，即"训练数据"；三是使用有监督学习算法支持向量机（Support Vector Machine）在训练数据集上学习建立分类模型；四是使用分类模型自动预测测试数据集的情绪类别。GUBA 采用机器学习方法对每个帖子的情感进行判断，并统计当天该上市公司所在股吧的正面、负面和中性帖子总量，提供了分类统计的投资者意见差异数据。使用 2008~2020 年代表投资者积极态度的正面帖子与消极态度的负面帖子数量，并由此计算出投资者异质信念指数。具体计算公式如下：

$$sent_{i,t} = \frac{(pos_{i,t} - neg_{i,t})}{(pos_{i,t} + neg_{i,t})}$$

$$YI_{i,t} = \sqrt{(1 - sen_{i,t}^2)}$$

其中，pos$_{i,t}$ 表示股吧中第 t 年第 i 个公司的正面帖子数量，neg$_{i,t}$ 表

示第 t 年第 i 个公司的负面帖子数量，$sent_{i,t}$ 表示投资者异质信念，$YI_{i,t}$
表示投资者异质信念的标准化数据，即异质信念指数。在检验中采用 t+1 期
与创新投入由股吧评论计算出异质信念指数（YI）作为解释变量进行
回归。

进一步使用超额收益波动率（Scha）对投资者异质信念进行测度，
并将其与创新投入回归进行检验。借鉴李维安等（2012）的超额收益波
动率，计量方式如下：

$$Scha = \frac{\sqrt{\sum_t (ar_{i,t})^2 - \frac{1}{n}(\sum_t (ar_{i,t})^2)}}{n-1}$$

$$ar_{i,t} = (r_{i,t} - r_{f,t}) - \beta_{i,t}(r_{m,t} - r_{f,t})$$

其中，$r_{i,t}$ 表示在市场中股票 i 在第 t 个交易日考虑分红的收益率；
$r_{m,t}$ 表示资本市场第 t 个交易日的平均收益率（沪深两市 A 股上市以流通
市值加权后市场指数的收益率）；$\beta_{i,t}$ 表示第 t 个交易日股票的系统性风
险测度；$r_{f,t}$ 是市场无风险利率，用股票第 t 个交易日的一年期固定存款
利率代替；n 表示股票一年中的实际交易天数；$ar_{i,t}$ 表示股票 i 在第 t 个
交易日的超额收益率。更换解释变量回归结果如表 4-6 所示，异质信念
指数的系数均在 1%水平显著为正，表明投资者异质信念增强会促进企业
增加创新投入。

表 4-6　更换解释变量回归结果

解释变量	被解释变量：$R\&D_{i,t+1}$	
YI	2.3019*** (3.21)	
Scha		14.1429*** (5.43)
Size	0.1658*** (3.38)	0.1919*** (3.83)
Lev	-0.1066 (-0.67)	-0.1790 (-1.11)

续表

解释变量	被解释变量：R&D$_{i.t+1}$	
Growth	−0. 1046 *** (−3. 74)	−0. 1311 *** (−4. 55)
Roe	−0. 4442 *** (−3. 44)	−0. 5076 *** (−3. 89)
Age	0. 5759 *** (5. 75)	0. 5716 *** (5. 72)
Cash	−0. 1966 (−1. 14)	−0. 2285 (−1. 33)
Bsize	0. 0729 (0. 43)	0. 0790 (0. 46)
Indrct	−0. 7708 * (−1. 66)	−0. 8110 * (−1. 74)
_Cons	−6. 7289 *** (−4. 95)	−5. 3152 *** (−4. 34)
Ind 和 Year	控制	YES
N	9688	9688
Adj. R^2	0. 6191	0. 6207
Within. R^2	0. 0201	0. 0232

（三）将被解释变量前置 2 期处理

前文已将回归的被解释变量取 t+1 期进行回归，本部分将被解释变量取 t+2 期再次回归，考察投资者异质信念对企业创新投入的正向影响是偶然还是具有持续性。检验结果如表 4-7 所示，投资者异质信念指数的系数在 1%的水平显著为正，表明投资者异质信念正向影响企业创新投入这一结果具有稳健性。

表 4-7 被解释变量前置两期回归检验

解释变量	被解释变量：R&D$_{i,t+2}$
HIBL	0. 0898 *** (3. 48)

续表

解释变量	被解释变量：$R\&D_{i, t+2}$
Size	0. 2694 ***
	（4. 07）
Lev	−0. 2711 **
	（−1. 35）
Growth	−0. 1182 ***
	（−3. 03）
Roe	−0. 5521 ***
	（−3. 72）
Age	0. 6679 ***
	（5. 72）
Cash	−0. 4629 **
	（−2. 31）
Bsize	0. 3410 **
	（1. 84）
Indrct	−0. 4019
	（−0. 78）
_Cons	−7. 5871 ***
	（−4. 85）
Ind 和 Year	YES
N	9688
Adj. R^2	0. 6237
Within. R^2	0. 0282

四、内生性问题

投资者异质信念能够显著增强公司创新投入，但这一结论可能存在如下内生性：一是投资者异质信念与企业创新可能存在反向因果问题，投资者异质信念可能使得企业增加创新投入，企业创新投入的变动所传递的信息也可能会增强或减弱投资者异质信念；二是具有某些特征（如高科技行业、处于初创期）的公司管理层决策时更容易受投资者异质信念的影响，而该类型公司创新投入本身较多，因此可能存在样本自选择问题；三是可能存在不可观测变量同时影响投资者异质信念与企业创新投入，即遗漏变量问题。前文均采用固定效应模型，考虑了异质信念对企业创新影响的时滞问题，以 t+1 期、t+2 期的创新投入为因变量，一定程度上缓解了反向因果问题。本部分进一步采用 PSM+DID、使用工具变量利用两阶段最小二乘法，解决模型估计中可能存在的自选择和遗漏变量的内生性问题。

（一）PSM+DID

采用倾向得分匹配（PSM）与双重差分（DID）解决样本自选择内生性问题。2014 年 1 月，财政部颁布了《企业会计准则第 39 号——公允价值计量》（CAS39）。公允价值计量准则的颁布对我国资本市场产生了深远影响。一方面，我国颁布 CAS39 标志着初步建立了公允价值计量的规范体系，为我国企业处理相关业务提供了正确指导，也促进了我国金融市场的发展；另一方面，CAS39 也体现了我国会计准则正在与国际会计准则趋同，使得我国更有效地参与国际经济活动，提高我国经济话语权。企业广泛运用公允价值计量必定会对资本市场产生重大影响，无疑会给身处资本市场中的投资者们增加信息解读难度。由于会计准则变革作为颠覆信息披露方式的外部突发事件，本就会增加投资者信息解读难度，而公允价值计量会使企业未来盈余更加难以预测，直接促使投资者异质信念增强。公允价值准则的颁布对于企业创新行为是外生的，即公允价值准则与企业创新质量之间不存在逻辑关系。因此，尝试将准则颁布作为一项准自然实验，使用 PSM 方法及广义双重差分模型对投资者异质信念与企业创新之间的关系再次进行检验。

PSM 是一种采用匹配思想、控制其他变量来获得可比公司样本的方法。我国公允价值准则颁布恰好对资本市场上的投资者异质信念造成外生冲击。由于公允价值计量更为复杂，会增加投资者信息理解难度，故在准则颁布前后，投资者异质信念指数发生了巨大变化。因此，参考冯根福（2017）的做法，使用以下方法构建外生冲击的实验（Treated = 1）以及控制组（Treated = 0）：首先，分别计算 CAS39 颁布前后（$Post_{i,t}$ = 1，表示准则颁布后）每个样本公司的平均 HIBL；其次，计算 CAS39 颁布前平均 Mean_ HIBL 与 CAS39 颁布后平均 Mean_ HIBL 的差值，记为（Delta_ HIBL）；最后，将 Delta_ HIBL>Mean_ Delta_ HIBL 的公司样本赋值为投资者异质信念变化较大的组，即异质信念指数提高的组 Treated=1，否则，Treated=0，即为控制组。

采用最 1∶1 近邻法对企业的倾向得分进行匹配，对于有实验组与对照组进行匹配。表 4-8 是创新投入倾向得分匹配平衡性检验的结果，匹配后的标准偏差绝对值小于 5%，匹配后差异变小，PSM 通过平衡性检验。对比 PSM 前后，实验组（Treated=1）和控制组（Treated=0）的创新水平的差异（见表 4-9），即企业创新投入在实验组和控制组间存在着较为显著的差异，表明在不同程度投资者异质信念强度的情况下，企业创新活动是受到显著影响的。

表 4-8　研发投入倾向匹配得分——平衡性检验

变量	类型	实验组均值	对照组均值	偏差（%）	偏差减少幅度（%）	T 值
Size	U	22. 743	22. 564	13. 3		6. 88
	M	22. 742	22. 747	−0. 4	97. 3	−0. 18
Lev	U	0. 4792	0. 5060	−13. 9		−7. 22
	M	0. 4793	0. 4790	0. 1	99. 0	0. 07
Age	U	2. 5368	2. 4997	7. 1		3. 66
	M	2. 5366	2. 5367	−0. 0	99. 9	−0. 00
Roe	U	0. 0804	0. 0659	12. 5		6. 46
	M	0. 0803	0. 0788	1. 3	89. 6	0. 73
Growth	U	0. 1483	0. 1575	−2. 7		−1. 38
	M	0. 1482	0. 1522	−1. 2	56. 6	−0. 60
Bsize	U	2. 1973	2. 1907	3. 3		1. 71
	M	2. 1974	2. 2022	−2. 4	27. 7	−1. 22
Indrct	U	0. 3710	0. 3697	2. 2		1. 11
	M	0. 3709	0. 3714	−1. 0	56. 7	−0. 75

注：U 为匹配前，M 为匹配后。

表 4-9　PSM 匹配结果

变量	类型	实验组均值	对照组均值	差异	标准误	T 值
R&D	匹配前	0.612	0.501	0.112	0.039	2.89
	ATT 匹配后	0.613	0.504	0.109	0.050	2.20

在样本匹配基础上，考虑到企业之间差异，使用 DID 方法进一步分析投资者异质信念与企业创新水平的关系。考虑到企业创新效率，采用研发投入的对数作为因变量进行检验，模型如下：

$$R\&D_{i,t} = \alpha_0 + \beta_1 Treated_{i,t} + \beta_2 Post_{i,t} + \beta_3 Treated_{i,t} \times Post_{i,t} +$$

$$\gamma Controls + \sum Year + \sum Ind + \varepsilon \qquad (4-2)$$

表 4-10 为 DID 模型下公允价值准则颁布、投资者异质信念与企业创新关系的全样本实证结果。模型（4-2）为以企业研发投入为被解释变量回归的结果。结果表明，外部冲击显著提升了异质信念指数高增长组（Treated = 1）的创新投入，进一步验证了投资者异质信念对企业创新投入的正向影响。

表 4-10　双重差分模型回归结果

解释变量	被解释变量：$R\&D_{i,t+1}$
Treated×Post	0.1093 **
	（2.02）
Post	3.3334 ***
	（40.56）
Treated	−0.0303
	（−0.78）
Controls	YES
_Cons	0.4982
	（1.34）
Ind 和 Year	YES
N	5749
Adj. R^2	0.6041

进一步使用安慰剂测试检验 DID 模型是否稳健，并选择 2012 年作为外源性反事实政策冲击的年份，即 2014 年之前的两年。从表 4-11 中列示结果可以看出，交乘项系数并不显著，即对企业创新投入没有影响，反事实年份无显著影响支持了本章研究结果的有效性。

表 4-11　安慰剂检验

解释变量	被解释变量：R&D$_{i,\,t+1}$
Treated×Post	0.0745
	（1.30）
Post	3.3504***
	（40.33）
Treated	−0.0260
	（−0.55）
Controls	YES
_Cons	0.4951
	（1.33）
Ind 和 Year	YES
N	5749
Adj. R^2	0.6039

（二）工具变量法

采用工具变量法的两阶段最小二乘估计（2SLS）缓解由于遗漏变量带来的内生性问题。由于同行企业的融资环境与供求机制类似，所面临的融资环境也相似，投资者对行业企业的未来盈余预期会在一定程度上持有相似的积极或消极态度，同行业其他企业投资者异质信念与本企业投资者异质信念存在一定相关性，但不会直接影响焦点企业的创新投资。因此，使用同行业其他企业投资者异质信念指数的均值（AHIBL）作为工具变量。首先进行弱工具变量检验，表 4-12 表明在 5%水平拒绝内生性变量与工具变量不相关假设，说明不存在弱工具变量问题。

表4-12 基于管理层理性情境研究的弱工具变量检验

Test	Statistic	P-value	Conf. level	Conf. Set
AR	Chi2（1）= 40.55	0.000	95%	
Wald	Chi2（1）= 39.07	0.000	95%	

　　两阶段最小二乘回归结果如表4-13所示，2SLS法第一阶段回归中同行业异质信念指数均值项的 F 值（115.23）大于10，投资者异质信念指数与其存在显著正向关系。采用工具变量后，主要解释变量的系数值以及显著程度都明显提升，尤其是投资者异质信念指数的系数由0.1570增加至0.4893，改善了 OLS 法对变量系数可能存在低估的情形，进一步证明了投资者异质信念与企业创新投入之间的正向关系。

表4-13 2SLS 第二阶段回归结果

解释变量	被解释变量	
	第一阶段：HIBL	第二阶段：R&D$_{i, t+1}$
HIBL		0.4893 ***
		（6.25）
AHIBL	0.6791 ***	
	（27.22）	
Lev	0.1371 ***	−1.1386 ***
	（3.59）	（−13.54）
Size	−0.0377 ***	0.1429 ***
	（−6.29）	（10.72）
Growth	0.0778 ***	−0.3183 ***
	（4.18）	（−7.73）
Bsize	−0.0752 **	−0.4421 ***
	（−2.17）	（−5.84）
Age	−0.0158	−0.1476 ***
	（−1.22）	（−5.19）
Cash	−0.3080 ***	0.4010
	（−3.31）	（1.96）

续表

解释变量	被解释变量	
	第一阶段：HIBL	第二阶段：R&D$_{i,t+1}$
Indrct	0.7001	−0.2605
	(0.55)	(−0.94)
Roe	−0.4281***	−0.5963***
	(−6.93)	(−4.25)
_Cons	0.9967***	−0.9524***
	(7.58)	(−3.20)
Ind 和 Year	控制	YES
N	9688	9688
Adj. R^2	0.0963	
Wald		360.00

五、进一步检验

（一）基于媒体关注的异质性检验

媒体作为一种信息传播载体，是为公众输送和传播信息的重要途径，媒体对企业关注度越高，其报道信息的种类越为繁杂，投资者面对着纷繁复杂的媒体报道信息，受自身注意力、学识程度等限制，不能有效地选择和提取有用的信息，更容易引发投资者的认知偏差，对信息解读的结果产生较大差异，进而对企业未来的盈余预期产生意见分歧。由以上分析可以推断出，媒体关注度越高，投资者的异质信念越强，股价越容易被高估（股权融资成本越低），管理层有强烈动机利用融资成本较低的有利时机融资，创新投资增加。构建模型（4-3）进行验证媒体关注对投资者异质信念与企业创新投入关系的调节作用。

$$R\&D_{i,t+1} = \alpha_0 + \beta_1 HIBL_{i,t} + \beta_2 Media_{i,t} + \beta_3 HIBL_{i,t} \times Media_{i,t} +$$
$$\gamma_1 Size_{i,t} + \gamma_2 Lev_{i,t} + \gamma_3 Growth_{i,t} + \gamma_4 Roe_{i,t} + \gamma_5 Age_{i,t} +$$
$$\gamma_6 Cash_{i,t} + \gamma_7 Bsize_{i,t} + \gamma_8 Indrct_{i,t} + \sum Year + \sum Ind + \varepsilon \qquad (4-3)$$

与传统媒体（报纸、电视等）报道相比，网络媒体报道传播速度更快，传播的范围更广，对投资者的影响更大，故采用网络媒体相关报道衡量媒体关注度。相关媒体报道信息来自 CNRDS 数据库，包括了来自 400 多家网络媒体的关于企业的相关报道数据。其中，数据最主要是包括如和讯网、东方财富网、网易财经、腾讯财经、搜狐财经、金融界、华讯财经、FT 中文网等重要网络财经媒体的报道。这些财经媒体的报道数据质量较高，而且受到投资者广泛关注，因此其报道在一定程度上会对投资者的预期产生影响。网络媒体对上市公司报道的次数越多，代表媒体对企业的关注程度越高。将媒体报道内容中涉及企业名称的新闻出现的次数取对数衡量媒体关注（Media），并将其与行业平均值对比，大于行业平均值取 1，反之取 0。模型（4-3）的回归结果如表 4-14 所示，投资者异质信念（HIBL）的系数 λ1 在 1% 水平显著为正，投资者异质信念（HIBL）与媒体关注度（Media）的交乘项（HIBL×Media）在 5% 水平显著为正，表明媒体关注强化了投资者异质信念对企业创新投入的正向影响。当媒体对企业关注度越高时，投资者异质信念对企业的创新投入的促进作用越强。

表 4-14　媒体关注度调节效应检验

解释变量	被解释变量：$R\&D_{i,\,t+1}$
HIBL	0. 1153 ***
	（4. 36）
Media	0. 0022
	（0. 008）
HIBL×Media	0. 0709 **
	（2. 06）
Size	0. 1651 ***
	（5. 43）
Lev	−0. 1295
	（−1. 13）
Growth	−0. 1021 ***
	（−3. 21）
Roe	−0. 6122 ***
	（−5. 22）

续表

解释变量	被解释变量：R&D$_{i, t+1}$
Age	0.5458***
	(7.95)
Cash	−0.2323
	(−1.30)
Bsize	0.0932
	(0.87)
Indrct	−0.8462**
	(−2.69)
_Cons	−4.4069***
	(−6.22)
Ind 和 Year	YES
N	9688
Adj. R^2	0.6206
Within. R^2	0.0279

（二）基于"融资成本假说"的中介效应检验

借鉴 Baron 和 Kenny（1986）的中介效应检验方法，构建模型（4-4）和模型（4-5），检验投资者异质信念是否通过融资成本效应影响创新投资。检验分为三步：第一步，检验投资者异质信念与企业创新投入的关系，模型（4-1）实证结果已经证明投资者异质信念与企业创新投入之间的显著正向关系。

第二步，检验投资者异质信念（HIBL）与中介变量股价高估（Deviation）的关系，模型如下：

$$\text{Deviation}_{i, t} = \alpha_0 + \beta_1 \text{HIBL}_{i, t} + \gamma_1 \text{Size}_{i, t} + \gamma_2 \text{Lev}_{i, t} + \gamma_3 \text{Growth}_{i, t} +$$
$$\gamma_4 \text{Roe}_{i, t} + \gamma_5 \text{Age}_{i, t} + \gamma_6 \text{Liquid}_{i, t} + \gamma_7 \text{State}_{i, t} +$$
$$\gamma_8 \text{Dual}_{i, t} + \sum \text{Year} + \sum \text{Ind} + \varepsilon \qquad (4-4)$$

由于股价被高估意味着股权融资成本较低，故"融资成本效应"可以用股价高估（Deviation）为中介变量衡量，借鉴徐寿福和徐龙炳（2015）的做法，构建变量 Deviation = | 1−V/P |，其中 V<P，衡量股票价格对内在

价值向上偏离的程度。Deviation 取值越大表明企业股价被高估的程度越大。借鉴 Frankel 和 Lee（1998）根据剩余收益模型测度内在价值 V，假设企业以后第 3 年的盈余能够保持，将剩余收益预测模型改写为：

$$V_t = b_t + \frac{f(1)_t - r \times b_t}{(1+r)} + \frac{f(2)_t - r \times b(1)_t}{(1+r)^2} + \frac{f(3)_t - r \times b(2)_t}{(1+r)^2 \times r}$$

其中，V_t 为每股的内在价值，r 为资本成本，b_t 为每股权益的账面价值，$f()_t$ 是分析师预测的公司未来盈余。由于分析师对企业盈余预测总是积极的，且我国市场上并无大量分析师，同时分析师也总是对规模较大和经营状况较好的公司进行分析和企业盈余进行预测（岳衡和林小驰，2008），所以在应用剩余收益模型时，有必要做出调整。借鉴 Hou 等（2012）、饶品贵和岳衡（2012）把分析师对企业盈余预测替换为基于公司基本面信息估计的预测。设立模型为：

$$Earnings_{i,t} = b_0 + b_1 Asset_{i,t} + b_2 Dividend_{i,t} + b_3 DD_{i,t} + b_4 Earning_{i,t} + b_5 NegE_{i,t} + b_6 Accrual_{i,t} + \varepsilon_{i,t+r}$$

其中，$Earnings_{i,t}$ 是 i 公司未来一至三年的每股盈余预测值。$Asset_{i,t}$，为每股总资产。$Dividend_{i,t}$ 为每股股利。$DD_{i,t}$ 为虚拟变量，发放股利取 1，否则取 0。$NegE_{i,t}$ 为哑变量，亏损取 1，否则取 0。$Accrual_{i,t}$ 为每股应计项目。由此，计算出企业内在价值（V）并和该公司股票当年所有交易日股票收盘价的均值 P。

模型（4-4）选取公司规模 Size、财务杠杆 Lev、盈利能力 Roe、上市年龄 Age、流动性 Liquid、产权性质 State、成长性 Growth、董事长与总经理两职合一 Dual 作为控制变量，使用固定效应模型进行回归，通过 α_1 的符号和显著性判断投资者异质信念与股价高估之间的关系。

第三步，检验股价高估（融资成本效应）在投资者异质信念与企业创新之间的中介效应，构建模型如下：

$$\begin{aligned} R\&D_{i,t+1} = & \alpha_0 + \beta_1 HIBL_{i,t} + \beta_2 Deviation_{i,t} + + \gamma_1 Size_{i,t} + \gamma_2 Lev_{i,t} + \\ & \gamma_3 Growth_{i,t} + \gamma_4 Roe_{i,t} + \gamma_5 Age_{i,t} + \gamma_6 Cash_{i,t} + \\ & \gamma_7 Bsize_{i,t} + \gamma_8 Indrct_{i,t} + \sum Year + \sum Ind + \varepsilon \end{aligned} \quad (4-5)$$

综合第二步和第三步回归结果，判断融资成本在投资者异质信念与企业创新投资的关系中的中介效应。其中模型（4-1）分析了投资者异质信念与企业创新关系，结果显示两者在1%水平显著正相关，表明投资者的异质信念越强，企业的创新投入就越多，初步表明投资者异质信念能促进企业创新投入。表4-15 报告了全样本中介效应检验结果，结果（1）检验了投资者异质信念与企业股价高估的关系，两者在1%的水平显著正相关，说明投资者异质信念直接促进企业股价高估。结果（1）和结果（2）中股价高估的系数在1%水平显著为正，因此证明在我国资本市场实施融资融券制度并未实质性放松卖空限制的背景下，投资者异质信念通过融资成本效应对企业创新投资产生正向影响，因此融资成本效应机制成立，股价高估起了部分中介效应作用。

表4-15　全样本回归

解释变量	被解释变量	
	（1）Deviation$_{i,t}$	（2）R&D$_{i,t+1}$
HIBL	0.0410***	0.0885***
	（9.31）	（4.80）
Size	−0.0987***	0.1524***
	（−8.90）	（3.64）
Lev	0.2724***	−0.0963
	（6.60）	（−0.75）
Growth	−0.0344***	−0.0608**
	（−3.92）	（−2.55）
Roe	−0.9846***	−0.1578
	（−20.50）	（−1.12）
Age	0.1404***	0.2549***
	（7.09）	（3.69）
Cash		0.1000
		（0.70）
Bsize		0.1658
		（1.24）

续表

解释变量	被解释变量	
	（1）Deviation$_{i, t}$	（2）R&D$_{i, t+1}$
Indrct		−0.4851
		（−1.35）
Liquid	0.0018	
	（0.43）	
State	−0.0104	
	（−0.40）	
Dual	0.0043	
	（0.37）	
Deviation		0.2582***
		（5.34）
_Cons	2.5477***	−4.0967***
	（10.56）	（−4.12）
Ind 和 Year	YES	YES
N	9688	9688
Adj. R^2	0.4881	0.6260
Within. R^2	0.2230	0.0223

此外，在逐步回归法基础上进行 Sobel 检验。检验结果如表 4-16 所示，直接效应和间接效应都在 1% 水平显著为正，特定路径效应显著为正，表明投资者异质信念增强使得股价高估的低成本融资时机，企业的创新投入会增加。

表 4-16　Sobel 中介效应检验

效应类别	效应值	标准误	Z	P 值	相对效应百分比
Sobel	0.0111	0.0028	3.90	0.000	—
直接效应	0.1261	0.0203	6.19	0.000	91.1%
间接效应	0.0111	0.0028	3.90	0.000	8.9%

续表

效应类别	效应值	标准误	Z	P 值	相对效应百分比
总效应	0.1372	0.0202	6.79	0.000	100%
HIBL-Deviation	0.0495	0.0042	11.54	0.000	—
Deviation-R&D	0.2242	0.0539	4.15	0.000	—

由于传统中介效应检验需要样本完全满足正态分布，而 Bootstrap 方法是从样本中重复抽样，且不要求检验统计量服从正态分布（温忠麟和叶宝娟，2014），因此越来越多的学者采用 Bootstrap 方法检验中介效应。研究进一步考虑样本可能存在不满足正态分布的偏差，因此使用 Bootstrap 分析，迭代抽样 5000 次，计算 95% 置信区间。若使用 Bootstrap 计算的 95% 置信区间不包含 0，则意味着中介效应显著。结果如表 4-17 所示，直接效应及间接效应对应系数都在 5% 水平显著且置信区间均不包含 0，直接效应与间接效应系数之比大于 1，证明了投资者异质信念经"融资成本效应"对企业的创新投入产生了正向影响，即融资成本中介效应显著。

表 4-17　Bootstrap 中介效应检验

解释变量	效应类别	效应值	Bootstrap 标准误	Z	Bias-Corrected95%CI	
					上限	下限
HIBL	直接效应	0.1261***	0.0321	3.92	0.0630	0.1891
	间接效应	0.0111***	0.0029	3.71	0.0052	0.0169

（三）基于融资约束的有调节的中介效应检验

"融资成本效应"作用机制的发挥受到企业融资约束程度的影响。创新投资项目需要大量资金，对于融资约束程度较强的企业，由于资金成本较高且难以满足其创新投资的资金要求，在股价被高估时，相对较低的融资成本时机难能可贵，也就是融资成本较低的情况下，融资约束程度强的企业会利用这种融资成本较低的有利时机，发行股票进行融资，具有将融资资金用于增加创新投资项目的较强动机。而融资约束程度较弱的公司，用以创新投资的融资需求约束较小，当股价被高估时，公司利用融资成本较低的时机融资，增加创新投资项目的动机较弱。由此提出，投资者异质信念通过"融资成本效应"对企业创新产生的正向影响在融资约束强的公司更为显著。由此推断出融资约束程度高的企业，投资者异质信念通过融资成本效应促进企业创新投资的程度较强，进一步检验了融资约束程度是否调节了融资成本效应（股价高估）的中介作用。

借鉴余明桂等（2019）使用 SA 指数（SA 指数＝－0.737×Size＋0.043×Size2－0.04×Age）衡量融资约束程度。

借鉴温忠麟等（2006）严格按四步法进行有调节的中介效应检验：

第一步，做企业创新（$R\&D_{i,t+1}$）对投资者异质信念（$HIBL_{i,t}$）和融资约束（$SA_{i,t}$）的回归：

$$R\&D_{i,t+1} = \alpha_0 + \beta_1 HIBL_{i,t} + \beta_2 SA_{i,t} + + \gamma_1 Size_{i,t} + \gamma_2 Lev_{i,t} +$$
$$\gamma_3 Growth_{i,t} + \gamma_4 Roe_{i,t} + \gamma_5 Age_{i,t} + \gamma_6 Cash_{i,t} +$$
$$\gamma_7 Bsize_{i,t} + \gamma_8 Indrct_{i,t} + \sum Year + \sum Ind + \varepsilon \qquad (4-6)$$

考察 $HIBL_{i,t}$ 的系数 β_1 的符号及显著性水平，预期 β_1 显著为正。

第二步，做股价高估（$Deviation_{i,t}$）对投资者异质信念（$HIBL_{i,t}$）和融资约束程度（$SA_{i,t}$）的回归：

$$Deviation_{i,t+1} = \alpha_0 + \beta_1 HIBL_{i,t} + \beta_2 SA_{i,t} + + \gamma_1 Size_{i,t} + \gamma_2 Lev_{i,t} +$$
$$\gamma_3 Growth_{i,t} + \gamma_4 Roe_{i,t} + \gamma_5 Age_{i,t} + \gamma_6 Cash_{i,t} +$$
$$\gamma_7 Bsize_{i,t} + \gamma_8 Indrct_{i,t} + \sum Year + \sum Ind + \varepsilon \qquad (4-7)$$

考察 $HIBL_{i,t}$ 的系数 β_1 的符号及显著性水平，预期 β_1 显著为正。

第三步，做企业创新（$R\&D_{i,t}$）对投资者异质信念（$HIBL_{i,t}$）、融资约束程度（$SA_{i,t}$）和股价高估（$Deviation_{i,t}$）的回归：

$$R\&D_{i,t+1} = \alpha_0 + \beta_1 HIBL_{i,t} + \beta_2 SA_{i,t} + \beta_3 Deviation_{i,t+1} + \gamma_1 Size_{i,t} +$$
$$\gamma_2 Lev_{i,t} + \gamma_3 Growth_{i,t} + \gamma_4 Roe_{i,t} + \gamma_5 Age_{i,t} + \gamma_6 Cash_{i,t} +$$
$$\gamma_7 Bsize_{i,t} + \gamma_8 Indrct_{i,t} + \sum Year + \sum Ind + \varepsilon \qquad (4-8)$$

考察 $Deviation_{i,t}$ 的系数 β_3 的符号及显著性水平，预期 β_3 显著为正。

第四步，在模型（4-8）的基础上加入调节变量融资约束（$SA_{i,t}$）与中介变量股价高估（$Deviation_{i,t}$）的交乘项（$SA_{i,t} \times Deviation_{i,t}$）构建模型如下：

$$R\&D_{i,t+1} = \alpha_0 + \beta_1 HIBL_{i,t} + \beta_2 SA_{i,t} + \beta_3 Deviation_{i,t+1} + \beta_4 SA_{i,t} \times Deviation_{i,t} +$$
$$\gamma_1 Size_{i,t} + \gamma_2 Lev_{i,t} + \gamma_3 Growth_{i,t} + \gamma_4 Roe_{i,t} + \gamma_5 Age_{i,t} + \gamma_6 Cash_{i,t} +$$
$$\gamma_7 Bsize_{i,t} + \gamma_8 Indrct_{i,t} + \sum Year + \sum Ind + \varepsilon \tag{4-9}$$

考察 $SA_{i,t} \times Deviation_{i,t}$ 系数 β_4 的符号和显著性，预期 β_4 显著为正。

表4-18报告了投资者在不同股权融资约束程度下投资者异质信念通过低成本融资成本效应对企业创新投资影响的回归结果，其中结果（1）β_1 在1%水平显著为正，结果（2）β_1 在1%水平显著为正。结果（3）β_3 在1%水平上显著为正，结果（4）融资约束（$SA_{i,t}$）与股价高估（$Deviation_{i,t}$）变量的交乘项（$SA_{i,t} \times Deviation_{i,t}$）的系数在1%水平显著为正，均与预期结果一致。结果表明，投资者异质信念通过融资成本效应对企业创新投资产生的正向影响与企业的融资约束程度密切相关。融资成本效应传导机制在不同融资约束程度的企业中的影响必然有所差异，融资约束发挥了调节作用。具有较强融资约束的企业，由于资金成本较高，难以满足其创新投资的资金要求，在股价被高估即股权融资成本更低时，融资约束强的企业利用融资成本较低时机发行股票进行融资，并利用资金用于增加创新投资项目。反之，融资约束较弱的公司，融资需求约束较小，当股价被高估时，进行融资并用于创新的动机较弱。

表 4-18　融资约束程度有调节中介检验

解释变量	被解释变量			
	（1）$R\&D_{i,t+1}$	（2）$Deviation_{i,t}$	（3）$R\&D_{i,t+1}$	（4）$R\&D_{i,t+1}$
HIBL	0.1580*** (6.14)	0.0415*** (9.11)	0.0898*** (4.77)	0.0915*** (4.89)
SA	−2.3773*** (−6.72)	−0.4275*** (−5.42)	−0.8987*** (−3.67)	−1.2709* (−4.37)

续表

解释变量	被解释变量			
	（1）R&D$_{i, t+1}$	（2）Deviation$_{i, t}$	（3）R&D$_{i, t+1}$	（4）R&D$_{i, t+1}$
Size	3. 0194 ***	0. 4121 ***	1. 2173 ***	1. 5806 ***
	（7. 11）	（4. 41）	（4. 21）	（4. 57）
Lev	−0. 0179	0. 2869 ***	−0. 0494	−0. 0149
	（−0. 11）	（7. 02）	（−0. 38）	（−0. 12）
Growth	−0. 1184 ***	−0. 0368 ***	−0. 0644 ***	−0. 0694 ***
	（−3. 78）	（−4. 21）	（−2. 63）	（−2. 81）
Roe	−0. 5916 ***	−0. 9953 ***	−0. 1973	−0. 2092
	（−4. 05）	（−20. 03）	（−1. 37）	（−1. 43）
Age	0. 2736 ***	0. 0959 ***	0. 1853 **	0. 1379 *
	（2. 67）	（4. 66）	（2. 53）	（1. 88）
Cash	−0. 1489		0. 1014	0. 0841
	（−0. 86）		（0. 70）	（0. 58）
Bsize	0. 1090		0. 1540	0. 1678
	（0. 61）		（1. 13）	（1. 24）
Indrct	−0. 6799 **		−0. 4725	−0. 4314
	（−1. 47）		（−1. 28）	（−1. 18）
Liquid		0. 0001		
		（0. 04）		
State		−0. 0133		
		（−0. 51）		
Dual		0. 0060		
		（0. 52）		
Deviation			0. 2592 ***	−0. 1915
			（5. 54）	（−1. 33）
SA$_{i, t}$×Deviation$_{i, t}$				0. 0880 ***
				（3. 27）
_Cons	−57. 1408 ***	−6. 8644 ***	−23. 7258 ***	−30. 0842
	（−7. 27）	（−3. 97）	（−4. 43）	（−4. 70）
Ind 和 Year	YES	YES	YES	YES

续表

解释变量	被解释变量			
	(1) $R\&D_{i,\,t+1}$	(2) $Deviation_{i,\,t}$	(3) $R\&D_{i,\,t+1}$	(4) $R\&D_{i,\,t+1}$
N	9688	9688	9688	9688
Adj. R^2	0.6233	0.4926	0.6236	0.6252
Within. R^2	0.0440	0.2771	0.0275	0.0319

六、拓展性研究

拓展性分析部分考察"融资成本效应"传导机制作用下，投资者异质信念促进创新投入的具体创新类型及对企业价值的影响。Kamien 和 Schwarttz（1978）、唐清泉和肖海莲（2012）将企业的创新活动分为探索式创新与常规式创新。探索式创新方式具有基础性、激进性的特征，强调企业运用新的知识和技术开发新产品。探索式创新着眼于整个市场的创新性，承担的风险更高。而常规式创新面临的风险更小，是具有渐进性特征的创新方式。常规式创新强调企业必须有一定的知识和技术基础，然后升级改造已有产品。相对于常规式创新，探索式创新融资成本和风险更高，更符合投资者异质信念增强后营造的股权融资成本低、风险补偿少的"融资成本效应"机制。因为投资者异质信念增强时，营造出融资成本低的时机，这对资金需要量大、融资成本高、风险大的探索式创新投资而言，是难得的有利时机，而对资金需要量小、融资成本低、风险小的常规性投资，此时机的需要并不迫切，故管理层利用投资者异质信念营造的"融资成本效应"进行探索式创新投资的动机更强。

将模型（4-1）中的被解释变量创新投资（$R\&D_{i,\,t}$）替换为探索式创新（Invention）和常规式创新（Udesign），构建模型如下：

$$
\begin{aligned}
Invention_{i,\,t+1}\ or\ Udesign_{i,\,t} = &\ \alpha_0 + \beta_1 HIBL_{i,\,t} + \gamma_1 Size_{i,\,t} + \gamma_2 Lev_{i,\,t} + \\
& \gamma_3 Growth_{i,\,t} + \gamma_4 Roe_{i,\,t} + \gamma_5 Age_{i,\,t} + \\
& \gamma_6 Cash_{i,\,t} + \gamma_7 Bsize_{i,\,t} + \gamma_8 Indrct_{i,\,t} + \\
& \sum Year + \sum Ind + \varepsilon
\end{aligned}
\tag{4-10}
$$

借鉴张陈宇等（2020）的做法，采用发明专利申请量取对数衡量探索式创新（Invention），以实用新型专利与外观设计专利的申请量之和取对数衡量常规式创新（Udesign）[①]。表4-19结果显示，相比常规式创新（Udesign）为被解释变量的模型，探索式创新为被解释变量的模型中的投资者异质信念（HIBL）的系数的显著性水平更高。说明相比常规式创新，投资者异质信念通过"融资成本效应"进行探索式创新投资的动机更强。

表4-19　投资者异质信念对企业创新类型的影响

解释变量	被解释变量	
	$Invention_{i,\ t+3}$	$Udesign_{i,\ t+3}$
HIBL	0.0354**	0.0259*
	(2.55)	(1.82)
Size	0.0434	0.0218
	(0.87)	(0.54)
Lev	0.2552*	0.1867
	(1.81)	(1.46)
Growth	-0.0411	-0.0438*
	(-1.50)	(-1.66)
Roe	0.2480**	0.0002
	(2.30)	(0.01)
Age	-0.0730	0.0770
	(-0.76)	(0.87)
Cash	-0.0315	-0.0928
	(-0.23)	(-0.71)
Bsize	0.1812	0.2154**
	(1.45)	(1.96)

---

① 探索式创新（Invention）和常规式创新（Udesign）的衡量，部分学者采用资本化与费用化的支出占营业收入或者年初总资产的比重衡量，这种方法有一个明显的弊端，样本缺失较为严重；也有学者用发明专利、实用新型专利和外观设计专利的授权量衡量，与专利授予量相比，申请量更能够反映出对创新选择的偏好，故本书采用发明专利申请量衡量探索式创新，实用新型专利和外观设计专利申请量衡量常规式创新。

续表

解释变量	被解释变量	
	$Invention_{i, t+3}$	$Udesign_{i, t+3}$
Indrct	0. 0759 (0. 23)	0. 2241 (20. 66)
_ Cons	1. 3766 (11. 17)	2. 1942 ** (2. 33)
Ind 和 Year	YES	YES
N	9688	9688
Adj. R^2	0. 9250	0. 9523
Within. R^2	0. 0079	0. 0056

企业创新投资的最终目的是为了企业成长，增加企业价值。因此，在讨论投资者异质信念影响企业创新投资的经济后果时，除了考察投资者异质信念对企业创新行为影响之外，有必要进一步研究这种影响的价值效应如何。前述研究已经表明，投资者异质信念通过融资成本效应更多地对企业的探索式创新产生了积极影响，那么这种实质性的创新活动将会增加企业在产品市场的价值。因为，一方面，探索式创新投资可以促使企业研发更多的新产品，新工艺，能够形成企业的差异化产品策略帮助企业获得竞争优势，从而增强企业产品的竞争力；另一方面，探索式创新促使新技术使用，降低企业产品的生产成本，提高盈利能力，当企业盈利能力提高之后，企业将拥有更多的资源开展研发活动，逐渐增多的创新产出会转化为企业的无形资产，增加企业的原始积累，驱动企业做大做强，促进企业价值提升。基于此，可以推断出"融资成本效应"促进探索式创新投资对企业具有积极的价值提升效应。以下通过回归检验投资者异质信念如何影响企业创新价值，构建模型如下：

$$
\begin{aligned}
EBITDA_{i, t+1} = & \alpha_0 + \beta_1 HIBL_{i, t} + \gamma_1 Size_{i, t} + \gamma_2 Lev_{i, t} + \gamma_3 Growth_{i, t} + \\
& \gamma_4 Roe_{i, t} + \gamma_5 Age_{i, t} + \gamma_6 Cash_{i, t} + \gamma_7 Bsize_{i, t} + \\
& \gamma_8 Indrct_{i, t} + \sum Year + \sum Ind + \varepsilon
\end{aligned}
\tag{4-11}
$$

借鉴现有文献，采用企业价值倍数衡量企业价值。企业价值倍数关注企业的营收指标，衡量企业所有资本的市场价值，真实反映企业核心业务的运营绩效。通常情况下，较高的企业价值倍数意味着公司绩效较高，且估值方法不受净利润的影响，也能更公平地衡量公司盈利能力。将企业价值作为被解释变量构建回归模型，同时控制行业和年度效应，考察异质信念（$HIBL_{i,t}$）的系数 β_1 的符号以及显著性，投资者异质信念通过"融资成本效应"促进的探索式创新投资对企业具有积极的价值效应，故预期 β_1 显著为正。表4-20的结果表明 β_1 在1%水平显著为正，证实了投资者异质信念促进了企业实质性创新，最终提升了企业价值。

表4-20　投资者异质信念对企业价值影响检验结果

解释变量	被解释变量：$EBITDA_{i,t+3}$
HIBL	1.9842***
	(3.50)
Size	-4.8174***
	(-9.85)
Lev	-2.7091
	(-0.76)
Growth	-1.5646
	(-1.37)
Roe	-15.451***
	(-3.55)
Age	1.4052
	(1.21)
Cash	-51.8230***
	(-7.89)
Bsize	-2.0798
	(-0.71)
Indrct	25.451***
	(2.91)
_Cons	-4.4069***
	(-6.22)

续表

解释变量	被解释变量：EBITDA$_{i, t+3}$
Ind 和 Year	YES
N	9688
Adj. R^2	0.1761

第五节　小结与建议

一、小结

本章基于行为金融学中投资者有限理性理论，传统财务学中投资理论立足于资本市场与企业财务决策之间联动性关系，以 2008～2020 年我国沪深 A 股上市公司为样本，研究了投资者异质信念与企业创新行为之间的联系。研究结果表明，投资者异质信念增强会促进企业创新。媒体对企业关注度较高时，投资者异质信念对企业创新投入促进作用越突出。进一步发现，投资者异质信念通过"融资成本效应"而不是"流动性效应"影响机制促进企业创新。"融资成本效应"的发挥在不同融资约束程度的企业中存在差异，融资约束程度越强的企业，"融资成本效应"越明显。拓展性检验发现，相比常规式创新，投资者异质信念通过融资成本效应影响机制更多地促进了企业探索式创新的增加，最终提升了企业价值。

二、建议

根据以上研究结论得到以下建议：

第一，监管层应客观认识投资者异质信念这一投资者有限理性特征。投资者异质信念通过"融资成本效应"机制传导促进的探索式创新会提升创新价值，意味着投资者异质信念并非只有扰动资产价格的不利方面，它对企业创新有"好"的一面，减少或者适度干预投资者异质信念。当然这一结论是基于我国资本市场融资融券制度并没有实质性放松卖空限制的背景下得出的，在融券规模尚远低于融资规模的阶段，对投资者异质信念不能过度干预，在一定程度上应该允许投资者异质信念的适度活跃。当融券规模持续增大的时候要注意对投资者异质信念调控到可控范围内。

第二，卖空限制没有实质性放松的情况下，投资者异质信念没有通过股票流动性效应影响企业创新。证券市场监管机构应积极完善融资融券制度，进一步扩大融券规模，促进股票市场的卖空限制实质性放松。当卖空限制实质性放松后，投资者异质信念能通过提高股票流动性，促进企业创新。融资融券制度推出的本意是放松卖空限制，但现实中融资融券规模不平衡的状况长时间没有得到改善，适当放松融券门槛，积极引导更多的投资者参与融券中，促进融资融券规模向平衡状态发展，无论是对资本市场还是对实体企业创新都有重要作用。

第三，企业应持续密切关注资本市场中投资者的表现，尤其是在媒体对企业关注度较高时期，加强对投资者异质信念的准确识别。例如，对反映投资者异质信念的各代表性指标如分析师预测分歧度、换手率、收益波动率、未预期交易量、股票成交量等进行密切跟踪，或者对投资者较活跃的股吧、雪球网、东方财富网等论坛上的发帖评论进行实时关注，及时利用融资成本较低的恰当时机加大融资力度以增加创新投入，通过低成本融资缓解实质性创新所面临的融资困境，提升企业价值。

第五章　投资者异质信念与企业创新行为：基于管理层非理性情境

第一节　引言

《建设创新型国家白皮书（2006—2010）》中提出，要把科技进步和创新作为经济社会发展的首要推动力量，把提高自主创新能力作为调整经济结构、转变增长方式、提高国家竞争力的中心环节，把建设创新型国家作为面向未来的重大战略。《中华人民共和国国民经济和社会发展第十四个五年规划和2035年远景目标纲要》中明确提出，2035年要实现关键核心技术实现重大突破，进入创新型国家前列。企业作为助力国家创新战略实现的重要微观主体，企业创新研究十分必要。由于企业创新活动需要大量资金，聚焦金融领域研究企业创新成为近年来的研究热点，而相关研究大多围绕资本市场开放、卖空机制及股票特征等方面展开，对资本市场中的投资者关注不足。投资者作为提供资金来源和直接影响股价的群体，其非理性特征①会直接影响其给企业投资和企业股价，因此，管理层创新决策时会密切关注投资者非理性特征。现有针对投资者非理性特征对企业创新影响的研究仅涉及投资者关注、投资者情绪，忽视了投资者的异质信念。投资者异质信念是指投资者对相同股票在相同持有期下的收益分布具有不同的预期。当前，我国资本市场中个人投资者占主导，致使投资者信息能力整体偏低，异质信念偏大。相对于投资者在某些市场状态下呈现出短期的"一致性"情绪，投资者异质信念反映出的意见"分歧性"更为常态化，研究管理层的创新决策如何受到投资者异质信念的影响更具现实性。

传统财务学中的"理性人假设"意味着管理层在决策过程中遵循贝叶斯法则，在面对众多选择时进行缜密的权衡，对所有可得的信息进行系统性分析做出最优的决策。行为财务学②中的决策理论认为，现实中管理层的决策和判断并非完全遵循传统财务学中所讲的理性，具有明显的非理性特征，情绪与决策如影随形，所有决策都是情绪参与的结果。当管理层识别出投资者的异质信念后，激发出乐观或者悲观情绪。在乐观情绪作用下，管理层倾向于采取激进的投资策略，增加具有很强不确定性的创新活动，迎合异质信念中的积极态度的投资者。在悲观情绪作用下，管理层倾向于选择保守的投资策略，减少甚至放弃不确定性很强的创新活动，以保持住异质信念中的积极态度的投资者，同时避免消极态度的投资者的增加。因此，投资者异质信念通过激发管理层情绪对企业创新行为产生重要影响。此外，随着信息技术发展，新闻传播媒介日趋多样化，包括传统新闻媒体和网络新闻媒体在内的多种媒体信息源，因其身份立场差异，在报道同一上市公司时存在不同态度倾向，即多源媒体报道态度呈异质性。在

---

① 投资者决策心理过程依次为认知过程、情绪过程和意志过程，投资者非理性特征包括认知过程中的认知偏差，表现为投资者注意力的有限性，情绪过程中的情感心理偏差，表现为投资者乐观、悲观情绪，意志过程中的意志信念偏差，表现为投资者异质信念。

② 行为金融学相对于传统金融学，放松了投资者理性的假设。行为财务学相对于传统财务学而言，放松了管理者理性的假设。行为金融学重点研究金融市场行为或信息与价格变化所表现出的投资者行为；行为财务学重点研究公司财务行为或信息与价格变化所表现出的管理者行为。

多源媒体报道态度异质性视角下，投资者异质信念对管理层创新决策的影响会发生怎样的变化？这是亟待解决并需要深入研究的重要问题。基于此，本章基于行为金融学、行为财务学、传播学，立足现实世界中投资者和管理层的非理性情境，基于多源媒体报道态度异质性视角，探究投资者异质信念对企业创新行为的影响以及"管理层情绪效应"影响机制，进一步探讨该机制是否受到股权分散程度、高管职业背景异质性的影响，最后拓展性考察投资者异质信念抑制的创新类型及对企业价值的影响。

本章研究可能的创新在于：第一，现有研究大多从实体经济层面关注企业创新行为，忽视了资本市场中的投资者非理性特征，本章研究基于资本市场与企业创新决策的联动关系，以资本市场中投资者的异质信念这一典型的非理性特征为切入点，研究投资者异质信念与企业创新的关系，拓展了影响企业创新行为的因素研究框架。第二，现有企业创新决策研究大多基于传统财务学中管理层理性经济人假设，忽视了管理层创新决策的非理性心理因素，本章研究立足于投资者与管理层均具有非理性特征的现实情境，遵循"投资者异质信念—管理层情绪反应—创新决策行为"的研究思路，尝试揭开投资者异质信念影响企业创新行为的"黑箱"，为监管者认知投资者异质信念的消极作用，加强管理层情绪决策监管促进企业高质量创新提供政策建议。第三，现有投资者非理性特征相关研究大多聚焦投资者自身的主观因素，忽视了投资者非理性特征产生的外部客观因素，本章研究基于当前传统新闻媒体和网络新闻媒体在内的信息多来源媒介共存的局面，将多源媒体报道态度异质性这一投资者异质信念产生的重要外部客观因素纳入研究框架，揭示了多源媒体报道的态度异质性对投资者异质信念与企业创新行为关系的作用。为监管部门规范新闻媒体市场，加强对新闻媒体的监管提供了经验证据。同时深化了行为金融学、行为财务学、传播学在企业创新领域的交叉研究。

第二节　理论分析与研究假设

一、投资者异质信念对企业创新行为的影响

企业创新活动的资金需要量巨大，并且维持股价高估以保证低成本融资至关重要，而投资者作为给企业提供资金来源和直接影响股价的群体，其异质信念决定着投资行为和企业股价变化，因此，管理层创新决策时会密切关注投资者异质信念。根据行为财务学中的决策理论，企业决策者并非按客观标准决策而是倾向于把复杂的问题简单化，根据经验或主观直觉通过简化来做出决策。作为企业创新决策主体的管理层通过观察资本市场上股票换手率等交易指标，判断出外部投资者对企业存在积极和消极预期的异质信念时，会产生出乐观和悲观两种情绪，并根据情绪反应及时调整相应的投资决策，以迎合投资者而获取个人利益。在不同类型投资迎合行为证据中，创新活动的迎合证据明显较强，是其他资本支出敏感性的 4~5 倍。即投资者异质信念通过"管理层情绪效应"机制影响了企业创新。投资者异质信念激发了管理层的乐观还是悲观情绪，取决于管理层对投资者的期望，若管理层对投资者抱有的期望是投资者普遍消极预期公司的未来，而当管理层识别出意识到投资者异质信念的存在，即发现投资者中还有持积极态度者，管理层的乐观情绪就会被激发。在乐观情绪作用下，往往正面的预测和评估未来环境和事件，在行动上积极主动，通常会为自己设定高的目标并轻松地面对逆境和困难。由此，管理层倾向于采取激进的投资策略，增加具有很强不确定性的创新活动，迎合异质信念中的积极态度的投资者，推动股价上升。若管理层对投资者抱有的期望是投资者普遍积极预期公司的未来，而当其发现投资者中还有持消极态度者，管理层的悲观情绪就会被激发。在悲观情绪作用下，往往负面地看待和预测事件及

环境变化，行动上更消极被动。由此，管理层选择保守的投资策略，倾向于减少甚至放弃不确定性很强的创新活动，以保持住异质信念中积极态度的投资者，同时避免消极态度的投资者的增加，以免股价下跌。基于此，提出如下假设：

假设5-1a：投资者异质信念通过激发管理层乐观情绪促进了企业创新。

假设5-1b：投资者异质信念通过激发管理层悲观情绪抑制了企业创新。

二、多源媒体报道态度异质性、投资者异质信念与企业创新行为

当前，以报刊新闻媒体为代表的传统新闻媒体与网络新闻媒体等多种媒体信息来源共存。传统新闻媒体大多直接受政府宣传机构领导，公信力较高，是投资者获得上市公司有关信息的重要途径之一；网络新闻媒体大多立足于自主市场经营，追求更高的市场影响力和受众覆盖面，更注重商业利益。多源媒体身份立场差异导致报道角度差异化，同时由于市场监督与管理的滞后性，报道态度异质性突出的问题也日益凸显。这种报道态度异质性表现在，多源媒体在对上市公司进行新闻报道时并非持完全客观中立的态度，它们往往不只是单纯地传播信息，而是经过自己的加工，传播带有倾向性、偏颇性的意见。例如，出于自身利益的考虑，与上市公司有关联的媒体会更多地进行正面报道，与上市公司无关联的媒体往往为了吸引受众的关注，有挖掘和传递负面新闻的倾向。多源媒体报道态度差异性也会激发管理层情绪效应，包括传统新闻媒体和网络新闻媒体在内的多种媒体信息源对于公司报道态度产生分歧越大，管理层情绪效应表现越强烈。具体而言，在投资者异质信念刺激下产生乐观情绪的管理层，面对多源媒体对企业报道态度差异和讨论争议，往往将其解读为公司备受关注、知名度提升的利好消息，由此，管理层乐观情绪进一步强化，倾向于采取激进的投资策略，增加具有很强不确定性的创新活动。因此，多源媒体态度异质性会强化投资者异质信念对企业创新的促进作用。在投资者异质信

念刺激下产生悲观情绪的管理层，面对多源媒体对企业报道态度差异和讨论争议，往往解读为报道态度信息噪声成分大量充斥，公司所处的舆论环境更加复杂的不利消息。由此，管理层悲观情绪进一步强化，进而选择保守的投资策略，倾向于减少甚至放弃不确定性很强的创新活动。因此，多源媒体报道态度异质性强化了投资者异质信念对企业创新的抑制作用。基于此，提出如下假设：

假设 5-2a：多源媒体报道态度异质性强化了投资者异质信念对企业创新的促进作用。

假设 5-2b：多源媒体报道态度异质性强化了投资者异质信念对企业创新的抑制作用。

第三节　研究设计

一、样本选取与数据来源

本章选取 2008~2020 年中国 A 股上市公司作为研究对象，数据来源于中国上市公司股吧评论数据库（GUBA）、中国研究数据服务平台（CNRDS）、国泰安数据库，并按照以下程序进行样本筛选：①剔除金融类、保险类行业的公司样本；②剔除 ST、PT 样本；③剔除数据严重缺失的样本；④剔除上市不足两年的样本。采用剩余的 971 家公司共 7581 个观测值检验本书的研究假设。连续变量均在 1% 到 99% 上进行缩尾。

二、主要变量度量

（一）投资者异质信念（HB）

考虑到投资者异质信念主要在个人投资者身上表现突出，而广大个人投资者对于股票未来收益的态度往往反映在股吧的股民评论中，因此，基于中国上市公司股吧评论数据库（GUBA）的数据衡量投资者异质信念。
为了提高股吧评论帖情感判断的准确性，此数据库使用有监督学习模型来
判断股吧帖子的情感。借鉴以往研究的做法，基于代表投资者积极态度的
正面帖子与消极态度的负面帖子数量，衡量出投资者异质信念程度即投资
者异质信念。具体公式如下：

$$opinion_{i,t} = \frac{pos_{i,t} - neg_{i,t}}{pos_{i,t} + neg_{i,t}} \tag{5-1}$$

$$HB_{i,t} = (1 - opinion_{i,t}^2)^{1/2} \tag{5-2}$$

其中，$pos_{i,t}$ 表示股吧中第 t 年第 i 个公司的正面帖子数量；$neg_{i,t}$ 表
示第 t 年第 i 个公司的负面帖子数量；$opinon_{i,t}$ 表示投资者意见倾向；
$HB_{i,t}$ 表示异质信念。

（二）企业创新行为（Patent）

专利数可以在某种程度上作为技术创新水平的代表，并且专利数据具
有数据规范、实用性强等特点。故使用专利申请数的对数（Patent）衡量
企业的创新行为。

（三）多源媒体报道态度异质性（News、Net）

以报刊为代表的传统新闻媒体、网络新闻媒体在内的多源媒介不同的
报道态度衡量多源媒体报道态度异质性。中国研究数据服务平台
（CNRDS）上中国上市公司财经新闻数据库中的报刊财经新闻具体包括八
大主流财经报纸①和地方性晨报、日报、晚报以及其他 500 余家报刊在内
的多源新闻媒体的报道；网络财经新闻包括 20 家主流网络财经媒体②其
他 400 余家大型重要网站、行业网站或地方性网站在内的多源新闻媒体对
上市公司的报道。根据该数据库中多源媒体对上市公司的正面、负面报道
数的统计数据，用以下公式衡量报刊媒体报道态度异质性（News）、网络

---

① 《中国证券报》《上海证券报》《第一财经日报》《21 世纪经济报道》《中国经营报》
《经济观察报》《证券日报》和《证券时报》。

② 和讯网、新浪财经、东方财富网、腾讯财经、网易财经、凤凰财经、中国经济网、搜狐
财经、金融界、华讯财经、FT 中文网、全景网、中金在线、中国证券网、证券之星、财新网、
澎湃新闻网、第一财经、21CN 财经频道、财经网。

媒体报道态度异质性（Net）：

$$News_{i,t} = ln(1-opinion1_{i,t})^{1/2} \qquad (5-3)$$

其中，$opinion1_{i,t}$＝（报刊媒体报道内容中出现该公司的正面新闻总数－报刊媒体报道内容中出现该公司的负面新闻总数）/（报刊媒体中报道内容中出现该公司的正面新闻总数＋报刊媒体报道内容中出现该公司的负面新闻总数）

$$Net_{i,t} = ln(1-opinion2_{i,t})^{1/2} \qquad (5-4)$$

其中，$opinion2_{i,t}$＝（网络媒体报道内容中出现该公司的正面新闻总数－网络媒体报道内容中出现该公司的负面新闻总数）/（网络媒体报道内容中出现该公司的正面新闻总数＋网络媒体报道内容中出现该公司的负面新闻总数）

（四）管理层情绪（Senti）

管理层在年报中对公司未来发展的讨论和分析反映了管理层的乐观或悲观情绪，故采用上市公司年报语调衡量管理层情绪。首先，编写 Python 程序先读取 CFSD 中文金融情感词典，生成正负情感词列表，对管理层年报语调的正负面情感进行判断；其次，读取年报文本，并统计积极词汇数与消极词汇数；最后，借鉴已有研究，衡量管理层乐观情绪（Senti-o），管理层悲观情绪（Senti-p）。管理层乐观情绪（Senti-o）＝年报中乐观词数/（年报中乐观词数＋年报中悲观词数）。管理层悲观情绪（Senti-p）＝年报中悲观词数/（年报中乐观词数＋年报中悲观词数）。

主要变量定义如表 5-1 所示。

表 5-1　基于管理层非理性情境研究的变量定义

变量类型	变量名称	符号	变量定义
被解释变量	创新产出	Patent	（1+专利申请总数）的自然对数
解释变量	投资者异质信念	HB	由股吧评论中正面、负面帖子数量计算得出
调节变量	报刊媒体报道态度异质性	News	报刊财经新闻媒体正面、负面报道计算而得
	网络媒体报道态度异质性	Net	网络财经新闻媒体正面、负面报道计算而得

变量类型	变量名称	符号	变量定义
控制变量	公司规模	Size	总资产的自然对数
	财务杠杆	Lev	总负债/总资产
	上市年龄	Age	（1+年度−上市年份）的自然对数
	经营现金流	Cash	经营活动产生的现金流量净额/总资产
	董事会规模	Bsize	董事会人数的自然对数
	独立董事占比	Indrct	独立董事人数/董事会人数
	盈利能力	Roe	净利润/所有者权益
	公司成长性	Growth	（本年末营业收入−上年末营业收入）/上年末营业收入
	年份	Year	年度虚拟变量
	行业	Industry	行业虚拟变量
机制变量	管理层情绪	Senti	年报语调乐观（Senti−o）；年报语调悲观（Senti−p）

三、模型设计

（一）投资者异质信念与企业创新

构建模型（5-5）检验投资者异质信念与企业创新的关系。若投资者异质信念（HB）系数 α_1 显著为负，意味着投资者异质信念对企业创新产生了抑制作用，若系数显著为正，意味着投资者异质信念对企业创新产生了促进作用。

$$Patent_{i,t+2} = \alpha_0 + \alpha_1 HB_{i,t} + \alpha_2 Controls_{i,t} + \sum Year + \sum Industry + \varepsilon_{i,t} \qquad （5-5）$$

借鉴已有研究，选取公司规模 Size、财务杠杆 Lev 等变量控制公司基本特征和治理结构，并控制行业和年度进行回归。同时为减弱异方差影响，显示经 Robust 调整后的回归结果。由于创新产出存在时滞以及为避免内生性问题，将 t+2 期专利申请数量的对数与 t 期的投资者异质信念（HB）进行回归。

（二）机制检验

采用传统中介效应检验方法，构建如下模型进行机制检验：

$$\text{Senti}-\text{p}_{i,t}=\alpha_0+\alpha_1\text{HB}_{i,t}+\alpha_2\text{Controls}_{i,t}+\sum\text{Year}+\sum\text{Industry}+\varepsilon_{i,t} \qquad (5-6)$$

$$\text{Patent}_{i,t+2}=\alpha_0+\alpha_1\text{HB}_{i,t}+\alpha_2\text{Senti}-\text{p}_{i,t}+\alpha_3\text{Controls}_{i,t}+$$
$$\sum\text{Year}+\sum\text{Industry}+\varepsilon_{i,t} \qquad (5-7)$$

（三）多源媒体报道态度异质性、投资者异质信念与企业创新行为关系

构建如下模型分别检验报刊媒体报道态度异质性、网络媒体报道态度异质性如何影响投资者异质信念与企业创新行为的关系：

$$\text{Patent}_{i,t+2}=\alpha_0+\alpha_1\text{HB}_{i,t}+\alpha_2\text{News}_{i,t}+\alpha_3\text{News}_{i,t}\times\text{HB}_{i,t}+$$
$$\alpha_4\text{Controls}_{i,t}+\sum\text{Year}+\sum\text{Industry}+\varepsilon_{i,t} \qquad (5-8)$$

$$\text{Patent}_{i,t+2}=\alpha_0+\alpha_1\text{HB}_{i,t}+\alpha_2\text{Net}_{i,t}+\alpha_3\text{Net}_{i,t}\times\text{HB}_{i,t}+$$
$$\alpha_4\text{Controls}_{i,t}+\sum\text{Year}+\sum\text{Industry}+\varepsilon_{i,t} \qquad (5-9)$$

第四节　实证结果与分析

一、描述性统计

描述性统计结果如表 5-2 所示，企业专利申请数量对数（Patent）的均值为 3.783、最大值为 8.518、中位数为 3.761、标准差为 1.879，企业研发投入对数（Invest）的均值为 18.023、中位数为 18.083、标准差为 1.812。投资者异质信念（HB）的均值为 0.983、最大值和最小值分别为 1.000 和 0.874、标准差为 0.023，说明我国资本市场投资者存在较为明显的异质信念。管理层乐观情绪（Senti-o）的均值为 0.402、最大值和最小值分别为 0.550 和 0.287、中位数为 0.399。管理层悲观情绪（Senti-p）的均值为 0.597、最大值和最小值分别为 0.712 和 0.449、中位数为 0.600。其余相关变量结果与已有文献基本一致。

表5-2 基于管理层非理性情境研究的描述性统计

变量	样本量	均值	标准差	最小值	中位数	最大值
Patent	7581	3.783	1.879	0.000	3.761	8.518
Invest	7581	18.023	1.812	12.912	18.083	22.367
HB	7581	0.983	0.023	0.874	0.991	1.000
Senti-o	7581	0.402	0.054	0.287	0.399	0.550
Senti-p	7581	0.597	0.054	0.449	0.600	0.712
Size	7581	22.688	1.370	19.990	22.576	26.482
Lev	7581	0.496	0.196	0.078	0.505	0.917
Growth	7581	0.140	0.348	−0.539	0.091	2.054
Roe	7581	0.069	0.123	−0.615	0.074	0.366
Age	7581	2.558	0.539	0.693	2.708	3.295
Cash	7581	0.054	0.071	−0.160	0.053	0.251
Bsize	7581	2.190	0.199	1.609	2.197	2.708
Indrct	7581	0.371	0.054	0.300	0.333	0.571

二、投资者异质信念与企业创新的关系检验

模型（5-1）的实证结果如表5-3结果（1）所示，投资者异质信念（HB）的系数 α_1 在5%的水平显著为负，说明投资者异质信念对企业创新起到抑制作用。投资者异质信念未激发管理层乐观情绪促进企业创新的增加，可能是因为虽然我国实施了融资融券制度，但由于门槛限制使得融券规模远小于融资规模，卖空限制没有得到实质性放松，由此在卖空受限的市场中，股价更多地反映投资者的积极意见，管理层习惯性认为投资者都普遍积极预期公司的未来，而当其发现投资者中还有持消极态度者，管理层的悲观情绪就会被激发，在面对风险较大、不确定性较高的创新活动时，管理层会更加谨慎保守，倾向于减少甚至放弃不确定性很强的创新，以保持住异质信念中的积极态度的投资者，同时避免消极态度的投资者的增加，以免股价下跌。

三、稳健性检验及内生性问题

（一）稳健性检验

1. 更换被解释变量衡量方式

采用企业研发投入的对数衡量企业的创新行为（Invest）按照模型（5-1）回归，结果如表 5-3 中结果（2）所示，投资者异质信念（HB）的系数在5%的水平显著为负，证明假设 1b。

2. 更换解释变量衡量方式

分别采用分析师预测分歧度和年均换手率衡量投资者异质信念。借鉴已有研究，采用分析师预测分歧度（DISP）衡量投资者异质信念：

$$DISP_{i,t} = \sqrt{\frac{1}{N} \sum_{n=1}^{N} (F_n - AF)^2} / |AEPS_{i,t}| \tag{5-10}$$

其中，F_n 为分析师预测的每股收益，AF 为当年所有分析师预测的均值，$AEPS_{i,t}$ 为公司每股收益的实际值。$DISP_{i,t}$ 的数值越大，说明投资者异质信念程度越高。由于换手率是衡量多空分歧的重要指标，进一步采用年均换手率衡量投资者异质信念。回归结果如表 5-3 所示，结果（3）和结果（4）中投资者异质信念的系数分别在 10%的水平和 1%的水平显著为负，均证明了假设 1b。

表5-3　投资者异质信念对企业创新行为的影响

变量	（1）Patent	（2）Invest	（3）Patent	（4）Patent
HB	−3.355** （−2.17）	−1.537** （−2.41）		
DISP			−0.008* （−1.87）	
Turnover				−0.075*** （−2.70）
Size	0.458*** （22.12）	0.883*** （57.74）	0.463*** （20.69）	0.453*** （19.64）

续表

变量	（1）Patent	（2）Invest	（3）Patent	（4）Patent
Lev	−0.243 **	−0.757 ***	−0.335 ***	−0.327 **
	（−2.05）	（−8.16）	（−2.61）	（−2.54）
Growth	−0.119 **	0.136 ***	−0.151 **	−0.130 **
	（−2.09）	（3.15）	（−2.48）	（−2.12）
Roe	0.392 **	1.001 ***	0.402 **	0.431 **
	（2.31）	（6.74）	（2.13）	（2.27）
Age	−0.199 ***	−0.407 ***	−0.201 ***	−0.175 ***
	（−4.61）	（−11.32）	（−4.43）	（−3.84）
Cash	1.600 ***	1.903 ***	1.638 ***	1.670 ***
	（5.66）	（7.80）	（5.50）	（5.60）
Bsize	0.061	−0.011	0.141	0.123
	（0.56）	（−0.14）	（1.24）	（1.08）
Indrct	−0.503	−0.286	−0.252	−0.183
	（−1.35）	（−1.06）	（−0.64）	（−0.47）
_cons	−4.310 ***	−0.229	−7.909 ***	−7.753 ***
	（−4.16）	（−0.31）	（−15.85）	（−15.33）
Year/Industry	YES	YES	YES	YES
Adj. R^2	0.385	0.606	0.387	0.389
N	7581	7581	7581	7581

注：括号内为 t 值；*、**和***分别表示在 10%、5%和 1%水平上显著。下同。

（二）内生性检验

本章研究可能有两个方面的内生性问题，一是存在无法观测到的其他
变量同时影响企业创新和投资者异质信念，即存在遗漏变量问题；二是投
资者异质信念和企业创新之间存在反向因果问题。这是因为创新行为虽意
味着企业竞争力提升的可能性，但也意味着高风险和易失败，很可能反使
得投资者对公司未来盈余的异质信念程度增大。下面分别用工具变量法和
解释变量滞后处理解决。

1. 工具变量法

由于投资者异质信念与股票交易量密切相关，但股票交易量并不会直

接影响企业创新行为。因此，使用企业股票交易量取对数（SDretwd）作为工具变量，使用两阶段工具变量回归法（2SLS）进行回归估计。弱工具变量检验结果如表5-4所示，在5%水平拒绝内生性变量与工具变量不相关假设，说明不存在弱工具变量问题，即股票交易量与投资者异质信念有较强的相关性，可作为投资者异质信念的工具变量。

表5-4　基于管理层非理性情境研究的弱工具变量检验

Test	Statistic	P-value	Conf. level	Conf. Set
AR	Chi2（1）= 40.55	0.000	95%	
Wald	Chi2（1）= 39.07	0.000	95%	

回归结果如表5-5所示，结果（1）显示，投资者异质信念（HB）变量均值项的 F 值（52.86）大于 10，股票交易量（SDretwd）在 1%水平显著为正，再次说明不存在弱工具变量问题，工具变量与投资者异质信念存在显著正向关系。结果（2）显示，采用工具变量后，投资者异质信念对企业创新的抑制作用依然显著，并且投资者异质信念（HB）的回归系数绝对值有所提高（HB 的系数从表5-3中结果（1）的-3.355 变化为表5-5 结果（2）的-26.933）。

2. 解释变量滞后处理

将投资者异质信念（HB）滞后一期处理再与企业创新（Patent）回归。如表5-5 中结果（3）所示，滞后一期的投资者异质信念（L. HB）系数在1%水平仍显著为负，再次证明了假设1b。

表5-5　内生性检验结果

变量	（1）第一阶段 HB	（2）第二阶段 Patent	（3）Patent
HB		−26.933 ** （−2.08）	
L. HB			−3.899 *** （−4.13）

续表

变量	（1）第一阶段 HB	（2）第二阶段 Patent	（3）Patent
SDretwd	0.282*** (9.73)		
Size	−0.001*** (−5.12)	0.042 (1.03)	0.454*** (21.11)
Lev	0.009*** (6.08)	−0.109 (−0.44)	−0.185 (−1.50)
Growth	−0.002*** (−3.35)	−0.075 (−0.73)	−0.108* (−1.83)
Bsize	−0.002 (−1.50)	−0.208 (−1.05)	0.087 (0.76)
Age	−0.003*** (−6.21)	−0.585*** (−5.82)	−0.250*** (−5.23)
Cash	−0.017*** (−4.52)	−0.445 (−0.81)	1.802*** (6.08)
Indrct	−0.013** (−2.54)	0.071 (0.10)	−0.577 (−1.48)
Roe	−0.012*** (−5.28)	−0.990*** (−2.70)	0.425** (2.41)
_cons	1.020*** (174.02)	29.613** (2.19)	−3.602 (−3.34)
Year/Industryr	YES	YES	YES
Adj. R^2	0.059		0.388
N	7581	7581	7581
Wald		41.77	
F	52.86		

四、机制检验

机制检验结果如表 5−6 所示，结果（1）显示投资者异质信念（HB）的系数在 10% 的水平显著为正，说明投资者异质信念会激发管理层的悲观情绪，说明管理层对投资者抱有的期望是投资者对公司的未来普遍持有积极预期，而当管理层发现投资者中还有持消极态度者，即识别出投资者异质信念，管理层的悲观情绪被激发出来。结果（2）中管理层悲观情绪（Senti-p）的系数在1%水平显著为负，综合结果（1）、结果（2）的结果，说明投资者异质信念通过管理层悲观情绪抑制了企业创新，管理层悲观情绪起了部分中介效应作用。

表5-6 管理层悲观情绪效应检验结果

变量	（1）Senti-p	（2）Patent
HB	0.114 * (1.85)	-3.627 *** (-2.81)
Senti_p		-0.988 *** (-3.91)
Size	-0.020 *** (-18.18)	0.446 *** (15.42)
Lev	0.075 *** (9.86)	-0.296 * (-1.72)
Growth	-0.016 *** (-4.27)	-0.073 (-0.96)
Roe	-0.094 *** (-9.18)	0.033 (0.15)
Age	0.026 *** (5.59)	-0.384 ** (-3.97)
Cash	0.019 (1.13)	2.120 *** (5.30)
Bsize	-0.010 (0.22)	-0.249 (-1.61)
Indrct	-0.067 *** (-2.67)	-0.859 * (-1.66)
_cons	0.444 *** (6.36)	-3.599 ** (-2.97)
Year/Industry	YES	YES
Adj. R^2	0.140	0.391
N	7581	7581

由于传统中介效应检验需要样本完全满足呈正态分布，而 Bootstrap 方法是从样本中重复抽样，且不要求检验统计量服从正态分布，考虑样本可能存在不满足正态分布的偏差，因此使用 Bootstrap 分析，迭代抽样 5000 次，计算 95% 置信区间。如表 5-7 所示，直接效应及间接效应对应系数都在 5% 水平显著且置信区间均不包含 0，直接效应与间接效应系数之比大于 1，再次证明假设 1b。这是因为，作为企业创新决策主体的管理层判断出外部投资者对企业预期的异质信念后，由于其非理性化的认知偏差，通常结合自身特征根据经验或主观直觉做出决策。具体而言，在资本市场投资者异质信念和卖空限制作用下，悲观情绪的投资者难以在市场上发挥主导作用，在卖空受限的市场中，股价会更多地反映市场的乐观情绪，于是管理层对投资者抱有的期望是投资者都普遍积极预期公司的未来，而当其发现投资者中还有持消极态度者，管理层的悲观情绪就会被激发。由于悲观情绪作用使管理层的行动更消极被动，倾向于减少风险高的创新活动。

表 5-7　Bootstrap 中介效应检验

解释变量	效应类别	效应值	Bootstrap 标准误	Z	BiasCorrected95%CI	
					上限	下限
HB	直接效应	−3.082	1.334	−2.31	−5.697	−0.466
	间接效应	−0.200	0.096	−2.08	−0.389	−0.011

五、多源媒体报道态度异质性、投资者异质信念与企业创新行为关系检验

如表 5-8 所示，报刊媒体报道态度异质性与投资者异质信念的交互项（News×HB）、网络媒体报道态度异质性与投资者异质信念的交互项（Net×HB）系数分别在 10% 和 5% 的水平显著为负，由此证明了假设 2b。相比 News×HB 的系数和显著性，Net×HB 系数的绝对值更大，显著性更

强，说明网络媒体报道态度异质性对投资者异质信念抑制企业创新的作用更强。这是因为与报刊新闻媒体大多直接受政府宣传机构领导不同，网络新闻媒体大多立足于自主市场经营，追求更高的市场影响力和受众覆盖面，更注重商业利益，报道态度偏差较大。而我国资本市场个人投资者专业知识能力不足，随着我国网民规模和互联网普及率逐年增长，个人投资者和网民双重身份叠加，更易受到网络新闻媒体报道的影响，即网络新闻媒体报道态度异质性导致投资者对公司的预期判断差异增大。由此，投资者异质信念的增强会更加激发管理层情绪效应，从而促进或者抑制企业创新程度更强。

表5-8 多源媒体报道态度异质性的调节效应检验

变量	（1）$\text{lnPatent}_{i, t+2}$	（2）$\text{lnPatent}_{i, t+2}$
HB	-0.120^{**} （-2.37）	-2.703^{***} （-2.75）
News	-0.369 （-0.94）	
News×HB	-0.664^{*} （-1.66）	
Net		-0.422 （-0.51）
Net×HB		-2.019^{**} （-2.12）
Size	0.225^{***} （12.73）	0.384^{***} （16.44）
Lev	-0.143^{**} （-1.99）	-0.723^{***} （-5.59）
Growth	-0.047^{**} （-2.26）	-0.130^{**} （-2.00）
Roe	0.001 （0.01）	0.025 （0.13）
Age	0.977^{***} （4.64）	-0.084^{**} （-2.01）

续表

变量	(1) lnPatent$_{i, t+2}$	(2) lnPatent$_{i, t+2}$
Cash	−0.249**	0.199
	(−2.15)	(0.62)
Bsize	−0.249	−0.539***
	(−0.35)	(−4.26)
Indrct	0.345*	−0.206
	(1.69)	(−0.45)
_cons	−4.298***	−0.382
	(−7.32)	(−0.34)
Year/Industry	YES	YES
Adj. R^2	0.392	0.388
N	7581	7581

六、进一步检验

(一) 影响机制的调节因素

1. 股权分散程度

在股权集中的情况下，控制公司的少数大股东既有动力又有能力对公司管理层的行为进行有效的监督干涉，可以约束管理层的情绪决策。而在股权分散的情况下，中小股东由于持股比例很低，干预收益不足以弥补干预成本，对投资者异质信念激发的管理层悲观情绪无所作为，往往放任管理层有关创新的情绪决策。因此，管理层情绪效应机制的发挥会受到股权分散程度的影响，预期股权分散程度正向调节管理层悲观情绪效应。采用有调节的中介效应检验方法，构建如下模型进行检验：

第一步，做企业创新（Patent）对投资者异质信念（HB）和股权分散程度（Dispersed）的回归：

$$Patent_{i, t+2} = \alpha_0 + \alpha_1 HB_{i, t} + \alpha_2 Dispersed_{i, t} + \alpha_3 Controls_{i, t} +$$
$$\sum Year + \sum Industry + \varepsilon_{i, t} \tag{5-11}$$

预期 α_1 显著为负。由于第一大股东持股比例越高的公司表明股权集中度越集中，反之则越分散，故对反映股权集中度的第一大股东持股比例取倒数表示股权分散程度（Dispersed），其值越大，股权越分散。

第二步，管理层悲观情绪（Senti-p）对投资者异质信念（HB）和股权分散程度（Despersed）的回归：

$$Senti\text{-}p_{i,t} = \beta_0 + \beta_1 HB_{i,t} + \beta_2 Dispersed_{i,t} + \beta_3 Controls_{i,t} +$$
$$\sum Year + \sum Industry + \varepsilon_{i,t} \qquad (5\text{-}12)$$

预期 β_1 显著为正。

第三步，做企业创新（Patent）对投资者异质信念（HB）、股权分散程度（Dispersed）和管理层悲观情绪（Senti-p）的回归：

$$Patent_{i,t+2} = \lambda_0 + \lambda_1 HB_{i,t} + \lambda_2 Dispersed_{i,t} + \lambda_3 Senti\text{-}p_{i,t} +$$
$$\lambda_4 Controls_{i,t} + \sum Year + \sum Industry + \varepsilon_{i,t} \qquad (5\text{-}13)$$

预期 λ_3 显著为负。

第四步，在模型（5-13）的基础上加入调节变量股权分散程度（Dispersed）与中介变量管理层悲观情绪（Senti-p）的交乘项（Dispersed×Senti-p）构建模型如下：

$$Patent_{i,t+2} = \mu_0 + \mu_1 HB_{i,t} + \mu_2 Dispersed_{i,t} + \mu_3 Senti\text{-}p_{i,t} + \mu_4 Dispersed_{i,t} \times$$
$$Senti\text{-}p_{i,t} + \mu_5 Controls_{i,t} + \sum Year + \sum Industry + \varepsilon_{i,t} \qquad (5\text{-}14)$$

预期 μ_4 显著为负。

如表5-9所示，结果（1）、结果（3）显示投资者异质信念的系数 α_1、λ_3 均在1%水平显著为负，结果（2）显示 β_1 在10%水平显著为正。结果（4）股权分散度（Dispersed）与管理层悲观情绪（Senti-p）的交乘项（Dispersed×Senti-p）的系数 μ_4 在5%的水平显著为负，说明股权分散程度强化了投资者异质信念激发的管理层悲观情绪效应，从而使得企业创新行为更加受到抑制。

表5-9 有调节的中介效应检验：基于股权分散程度

变量	（1）Patent	（2）Senti	（3）Patent	（4）Patent
HB	-3.301***	0.110*	-3.734***	-3.689***
	(-3.58)	(1.79)	(-2.87)	(-2.83)

续表

变量	（1）Patent	（2）Senti	（3）Patent	（4）Patent
Dispersed	0.002 （0.25）	0.001 （0.54）	0.015 （1.06）	0.083*** （2.84）
Senti-p			−0.996*** （−3.92）	0.156 （0.29）
Dispersed×Senti-p				−0.359** （−2.56）
Size	0.459*** （22.05）	−0.020*** （−17.80）	0.450*** （15.41）	0.444*** （15.15）
Lev	−0.239** （−2.01）	0.075*** （9.82）	−0.309* （−1.79）	−0.325* （−1.88）
Growth	−0.118*** （−2.06）	−0.017*** （−4.37）	−0.068 （−0.89）	−0.066 （−0.86）
Roe	0.380** （2.24）	−0.094*** （−9.12）	0.011 （0.05）	0.008 （0.04）
Age	−0.205*** （−4.70）	0.027*** （5.67）	−0.401*** （−4.06）	−0.406*** （−4.12）
Cash	1.583*** （5.58）	0.018 （1.05）	2.109*** （5.24）	2.125*** （5.28）
Bsize	0.062 （0.57）	−0.010 （−1.55）	−0.248 （−1.60）	−0.239 （−1.54）
Indrct	−0.425 （−1.13）	−0.064** （−2.55）	−0.718 （−1.38）	−0.651 （−1.25）
_cons	−4.428*** （−4.26）	0.445*** （6.37）	−3.607** （−2.41）	−3.718** （−2.43）
Year/Industry	YES	YES	YES	YES
Adj. R^2	0.385	0.141	0.391	0.392
N	7581	7581	7581	7581

2. 高管职业背景异质性

当高管团队成员职业背景异质性较大时，说明高管团队成员丰富的工作经历带来更广泛的学识、更多元的经验，在面对投资者异质信念时，能够博采众长科学决策，不会完全受悲观情绪影响而做出更加理性的创新决策。因此，管理层情绪效应机制的发挥会受到高管职业背景异质性的影响，预期高管职业背景异质性负向调节管理层悲观情绪效应。建立如下模型进行检验：

第一步，企业创新（Patent）对投资者异质信念（HB）和高管团队职业背景异质性（Work）回归：

$$Patent_{i, t+2} = \alpha_0 + \alpha_1 HB_{i, t} + \alpha_2 Work_{i, t} + \alpha_3 Controls_{i, t} + \sum Year + $$
$$\sum Industry + \varepsilon_{i, t} \qquad (5-15)$$

预期 α_1 显著为负。高管职业背景异质性变量（Work）的数据源于 CNRDS 数据库，它是将职业划分为生产、研发、设计、人力资源、管理、市场、金融、财务、法律 9 个方面，计算每方面人数占高管总人数比例，求平方和。

第二步，管理层悲观情绪（Senti-p）对投资者异质信念（HB）和职业背景异质性（Work）的回归：

$$Senti-p_{i, t} = \beta_0 + \beta_1 HB_{i, t} + \beta_2 Work_{i, t} + \beta_3 Controls_{i, t} + \sum Year + $$
$$\sum Industry + \varepsilon_{i, t} \qquad (5-16)$$

预期 β_1 显著为负。

第三步，做企业创新（Patent）对投资者异质信念（HB）、职业背景异质性（Work）和管理层悲观情绪（Senti-p）的回归：

$$Patent_{i, t+2} = \lambda_0 + \lambda_1 HB_{i, t} + \lambda_2 Work_{i, t} + \lambda_3 Senti-p_{i, t} + \lambda_4 Controls_{i, t} + $$
$$\sum Year + \sum Industry + \varepsilon_{i, t} \qquad (5-17)$$

预期 λ_3 显著为正。

第四步，在模型（5-17）的基础上加入调节变量职业背景异质性（Work）与中介变量管理层悲观情绪（Senti-p）的交乘项（Work×Senti-p）构建模型如下：

$$Patent_{i, t+2} = \mu_0 + \mu_1 HB_{i, t} + \mu_2 Work_{i, t} + \mu_3 Senti-p_{i, t} + \mu_4 Work_{i, t} \times $$
$$Senti-p_{i, t} + \mu_5 Controls_{i, t} + \sum Year + \sum Industry + \varepsilon_{i, t} \qquad (5-18)$$

预期 μ_4 显著为正。

如表 5-10 所示，结果（1）、结果（3）显示投资者异质信念（HB）的

系数 α_1、λ_3 均在 1% 水平显著为负，结果（2）显示 β_1 在 10% 水平显著
为正。结果（4）显示职业背景异质性（Work）与管理层悲观情绪（Sen-
ti-p）的交乘项（Work×Senti-p）的系数在 1% 水平显著为正，说明高管
职业背景异质性负向调节了管理层悲观情绪效应。当管理层成员职业背景
异质性更高时，高管团队成员之间多元化的知识经验优势，使得面对投资
者异质信念时，创新决策也更加理性，情绪决策问题得到缓解。综上，高
管职业背景异质性弱化了投资者异质信念激发的管理层悲观情绪效应，使
得企业创新行为的抑制得到缓解。

表 5-10　有调节的中介效应检验：基于高管职业背景异质性

变量	（1）Patent	（2）Senti-p	（3）Patent	（4）Patent
HB	-3.233***	0.113*	-3.475***	-3.787***
	(-3.54)	(1.83)	(-2.70)	(-2.97)
Work	0.888***	-0.039***	0.894***	-1.233***
	(5.05)	(-3.98)	(3.98)	(-3.23)
Senti-p			-0.970***	-7.376***
			(-3.85)	(-7.52)
Work×Senti-p				10.184***
				(6.68)
Size	0.458***	-0.019***	0.442***	0.443***
	(22.14)	(-17.83)	(15.31)	(15.52)
Lev	-0.268**	0.075***	-0.322*	-0.393**
	(-2.26)	(9.89)	(-1.87)	(-2.30)
Growth	-0.119**	-0.017***	-0.067	-0.062
	(-2.07)	(-4.34)	(-0.88)	(-0.80)
Roe	0.386**	-0.095***	0.040	0.030
	(2.27)	(-9.27)	(0.18)	(0.13)
Age	-0.177***	0.026***	-0.397***	-0.377***
	(-4.09)	(5.65)	(-4.10)	(-3.90)
Cash	1.613***	0.021	2.114***	2.188***
	(5.71)	(1.20)	(5.31)	(5.50)

续表

变量	（1）Patent	（2）Senti-p	（3）Patent	（4）Patent
Bsize	0.065 （0.60）	−0.010 （−1.64）	−0.233 （−1.52）	−0.223 （−1.45）
Indrct	−0.421 （−1.13）	−0.067*** （−2.71）	−0.696 （−1.34）	−0.686 （−1.32）
_cons	−5.016** （−4.79）	0.460*** （6.59）	−4.206*** （−2.75）	−2.616* （−1.71）
Year/Industry	YES	YES	YES	YES
Adj. R^2	0.388	0.142	0.394	0.400
N	7581	7581	7581	7581

（二）经济后果检验

借鉴周泽将等（2023）的研究思路，将企业的创新活动分为探索式创新与常规式创新。探索式创新方式强调企业运用新的知识和技术开发新产品，着眼于整个市场的创新性，承担的风险更高。而常规式创新面临的风险更小，是渐进性创新方式。常规式创新强调企业在一定的知识和技术基础上升级改造产品。相对于常规式创新，探索式创新融资需求和风险更高，投资者异质信念激发了管理层的悲观情绪后，管理层更有动机减少风险更高的探索式创新。构建如下模型进行检验：

$$Invention_{i,t+2} OR Udesign_{i,t+2} = \alpha_0 + \alpha_1 HB_{i,t} + \alpha_2 Controls_{i,t} +$$

$$\sum Year + \sum Industry + \varepsilon_{i,t} \qquad (5-19)$$

采用发明专利申请量取对数和实用新型专利与外观设计专利的申请量之和取对数分别衡量探索式创新（Invention）、常规式创新（Udesign）。如表 5-11 所示，投资者异质信念（HB）的系数在 1% 水平显著为负，相比结果（1），结果（2）投资者异质信念（HB）系数的绝对值更大，说明投资者异质信念抑制探索式创新比常规式创新的程度更强。

进一步研究其对企业价值的影响，构建如下模型进行检验：

$$TobinQ_{i,t+3} = \alpha_0 + \alpha_1 HB_{i,t} + \alpha_2 Controls_{i,t} + \sum Year + \sum Industry + \varepsilon_{i,t} \quad (5-20)$$

采用 Tobin Q 指数衡量企业价值，考虑到从创新到企业价值表现存在
时滞，将 Tobin Q 指数取 t+3 期。如表 5-11 中结果（3）所示，投资者异
质信念的系数在 5% 的水平显著为负，说明投资者异质信念抑制了企业创
新，最终损害了企业价值。可能是因为投资者异质信念激发了管理层悲观
情绪对探索式创新的抑制程度更大，而探索式创新一方面能够帮助企业降
低成本获得竞争优势；另一方面能够提高盈利能力，支持企业进行研发创
新，促进企业价值提升。因此，当投资者异质信念抑制了企业创新，尤其
对探索式创新的抑制程度更大时，势必对企业价值造成严重损害。

表 5-11　投资者异质信念对企业创新类型及企业价值的影响

变量	（1）Invention	（2）Udesign	（3）Tobin Q
HB	-4.625*** （-5.47）	-3.052*** （-3.07）	-1.290** （-2.36）
Size	0.497*** （25.29）	0.419*** （19.22）	-0.321*** （-22.69）
Lev	-0.162 （-1.52）	-0.163 （-1.30）	-0.371*** （-4.26）
Growth	-0.097* （-1.86）	-0.120** （-1.98）	-0.024 （-0.70）
Roe	0.594*** （3.89）	0.221 （1.21）	0.213 （1.32）
Age	-0.306*** （-7.40）	-0.097** （-2.13）	0.030 （1.22）
Cash	0.920*** （3.61）	1.819*** （6.05）	1.216*** （6.60）
Bsize	0.515*** （5.00）	0.056 （0.48）	-0.089 （-1.64）
Indrct	-0.196 （-0.58）	-0.172 （-0.43）	0.381* （1.84）
_cons	-5.401*** （-5.64）	-4.955*** （-4.43）	10.696*** （17.04）

续表

变量	（1）Invention	（2）Udesign	（3）Tobin Q
Year/Industry	YES	YES	YES
Adj. R^2	0.405	0.390	0.379
N	7581	7581	7581

第五节　小结与建议

一、小结

本章聚焦国家依靠创新推动经济转型的战略需求，以及企业创新水平和创新质量有待提升的现实需求，打破了现有研究从单一学科范畴关注企业创新问题的局限，将行为金融学、行为财务学、传播学等多学科知识纳入统一框架，基于资本市场与企业财务决策之间的联系，从多源媒体报道的态度存在异质性视角，研究了投资者异质信念对企业创新行为的影响、影响机制及经济后果。研究结果表明，投资者异质信念通过激发管理层悲观情绪效应抑制了企业创新，相比传统新闻媒体，网络新闻媒体报道态度异质性更能强化投资者异质信念对企业创新的抑制作用。此外，投资者异质信念激发的管理层悲观情绪效应的发挥受到股权分散程度的正向影响和高管异质性的负向影响。投资者异质信念通过管理层情绪效应抑制了企业探索式创新和常规式创新，对探索式创新影响更大，最终降低企业价值。

二、建议

根据以上研究结论得到以下建议：

第一，由于投资者异质信念通过管理层悲观情绪传导抑制企业创新进而损害了企业价值，意味着投资者异质信念和管理层悲观情绪对企业创新是不利的。由此，弱化这两类对企业创新不利的因素至关重要。尽管投资者异质信念和管理层情绪都是作为人无法避免的非理性特征，但是可以积极干预和控制。例如，投资者可以加强认知判断能力改善认知偏差，管理层可以按照管理心理学中洛萨达比例的要求，将好情绪和坏情绪的比例尽量控制到 3：1（每三次积极情绪中有一次消极情绪，能保持积极态度和积极行动）进行日常情绪管理。由此缓解投资者异质信念以及管理层对投资者异质信念的情绪化认知，当资本市场上投资者异质信念较强时，管理层更要有意识加强情绪管理，控制消极情绪，积极理性地做出创新决策。

第二，由于多源媒体报道态度异质性强化了投资者异质信念对企业创新行为的抑制作用。所以，新闻媒体政策制定部门应通过完善相关法律法规，规范新闻媒体市场。新闻媒体监管部门应加强对新闻媒体的数字化监管，通过科技手段对新闻媒体明显带有感情色彩或者带有偏见的报道进行精准识别后进行严厉惩处，强化新闻媒体的社会责任意识。证监会及相关机构应该进一步要求上市公司对其媒体关联情况进行披露，并对上市公司持股的媒体行业子公司的数量和持股比例进行约束，以避免上市公司利用媒体关联关系影响其新闻报道的客观公正。证券交易所应加强投资者教育，引导投资者理性客观地看待媒体发布的信息，改善投资者因专业能力不足而受到媒体有偏报道影响的问题。

第三，由于投资者异质信念通过管理层情绪效应抑制了企业创新，且对探索式创新影响更为明显，最终降低了企业价值，用经验证据证明了探索式创新对企业价值提升至关重要。由此，创新监管部门应加强与国家知识产权局信息平台对接，大数据动态精准跟踪企业创新专利申请类型数据，及时问询和适当干预企业常规式创新申请行为；创新政策制定部门应分类出台针对企业不同创新类型的激励政策，加大对企业探索式创新的激励，促进企业价值提升，助力创新型国家战略的实现。

第六章　企业创新行为对商业信用供给的影响

第一节　引言

商业信用决策一直是公司运营资本决策和公司战略决策的重要组成部分，通过对国泰安数据库全部 A 股非 ST 非金融类上市公司相关财务数据分析发现，2000~2021 年全部 A 股上市公司年均商业信用供给量呈现大于年均商业信用获取量的趋势。虽然实务中企业为客户提供一定数量的商业信用不仅在发展中国家，即使在发达国家也很常见。但综观现有文献，更多关注公司获得商业信用缓解融资约束的作用，而对企业为什么对外提供商业信用以及影响企业商业信用供给的因素关注较少。基于已有研究，传统文献主要从促销动机（Schwartz，1974；Emery，1984）、质量保证动机（Lee 和 Stowe，1993；Long 等，1993）、价格歧视动机（Brennan 等，1988）和降低交易成本动机（Ferris，1981；Smith，1987）四个方面对企业商业信用供给动因进行了深入分析。伴随研究的深入，更多学者关注企业外部环境对商业信用供给的影响，如白俊等（2020）和吴昊旻等（2017）基于商业信用对银行信用的二次分配作用，研究发现获取银行信贷和银行业竞争能显著提高企业商业信用供给。基于产品市场竞争，陈正林（2017）、张会丽和王开颜（2019）研究发现行业竞争显著提升企业商业信用供给的作用在非国有企业中更加显著。而基于企业所处经济政策的不确定性以及中国城际高铁的快速发展，陈胜蓝和刘晓玲（2018，2019）研究发现经济政策不确定性显著降低了企业商业信用供给，社会信任水平、地区金融发展程度和公司市场地位可以有效缓解二者之间的负向关系；而城际高铁在降低公司与客户之间的信息不对称，促使公司提高产品质量上发挥显著作用，因此弱化了企业商业信用供给的质量保证动机。

近年来，技术创新作为提升国家综合实力、提高企业参与国际竞争的重要途径得到社会各界的重点关注，2020 年中国科技进步对经济增长的贡献率超过 60%，但与美国、日本等主要发达国家超过 80%的贡献率相比仍有较大差距。虽然已有文献证实，当前提升企业技术创新水平是推动我国经济高质量发展、提高全要素生产力的核心动力（刘啟仁和黄建忠，2016；吴翌琳和于鸿君，2020；徐伟呈等，2022；曹伟等，2022），但如何促进企业创新仍然是政府及理论界普遍关注的主要问题，姚星等（2019）、李双建等（2020）研究认为获得商业信用能显著缓解企业融资压力，提升企业创新水平。但现实中，企业创新也可能影响商业信用供给：一方面基于创新的信号传递效应，开展技术创新能够向外界传递公司良好发展的利好消息，增强市场对企业投资的信心，降低企业违约风险，为保持良好合作关系，下游企业有动机降低对创新企业的商业信用供给需求；另一方面基于客户对企业创新的风险规避效应，从企业创新到最终市场接受创新，其间需经历复杂的过程，为降低上游企业创新失败及市场不接受创新对下游企业造成的不利影响，下游客户企业一般会要求上游创新企业提供一定的商业信用，推迟向上游创新企业付款，增加对商业信用供给的需求。那么企业创新究竟通过创新的信号传递效应还是客户对创新的风险规避效应影响商业信用供给？基于黎文靖和郑曼妮（2016）的研究，以上企业创新影响商业信用供给的作用结果，在区分策略性创新和实质性创新后是否存在差异？进一步地，如果企业创新影响商业信用供给的作用结果支持客户的风险规避效应，又该如何缓解因创新导致企业提供更多商业信用进而对企业持续创新所造成的不利影响？深入分析以上问题对现阶段拓展商业信用供给的影响因素、提高企业创新质量推动经济高质量发展具有重要意义，但还少有文献对此进行深入分析。

在将创新策略细分为实质性创新和策略性创新后，本章系统考察了企业创新策略对商业信用供给的作用结果，研究发现，在不考虑其他因素时，创新策略通过客户对创新的风险规避效应影响商业信用供给，实质性创新和策略性创新均提高了创新企业的商业信用供给；相比策略性创新，实质性创新正向影响商业信用供给的效果更强。进一步研究发现，金融发展与核心技术员工股权激励均弱化了创新策略与商业信用供给的正向关系，此时创新的信号传递效应占优，与低金融发展地区相比，高金融发展地区企业实质性创新及策略性创新与商业信用供给之间的正向作用会显著变弱，而核心技术员工股权激励则显著降低了创新企业因实质性创新和策略性创新引发的商业信用供给。以上研究结论在经过系列稳健性检验之后，结果并未发生显著变化。

本章研究的贡献主要体现在以下方面：第一，现有文献多从企业获得商业信用后，通过缓解融资约束进而研究对企业创新的影响，而现实中企业获得商业信用的同时也对外提供商业信用，如何降低创新企业商业信用供给，同样能起到缓解融资约束促进企业创新的重要作用，本章系统研究创新策略对商业信用供给的作用结果，并深入比较实质性创新和策略性创新对企业商业信用供给的差异性影响，对现有影响商业信用供给因素的文献进行有益补充。第二，基于企业创新的信号传递效应和客户对创新的风险规避效应，本章考察了创新策略影响企业商业信用供给的作用机制，研究发现，在不考虑外部融资环境和企业内部激励机制的条件下，创新策略基于客户对创新的风险规避效应正面影响商业信用供给，该结论拓展了现有企业创新经济后果的研究。第三，结合企业外部融资环境，基于金融发展缓解融资约束及对企业高质量信息披露的要求，研究发现，金融发展通过创新的信号传递效应影响商业信用供给，显著弱化了创新策略与商业信用供给的正向关系，以上发现拓展了现有金融发展与商业信用供给的研究内容。第四，员工股权激励能够提升企业创新绩效已得到部分文献的证实（田轩和孟清扬，2018；郭蕾等，2019），但针对创新企业内部，员工实施股权激励如何影响公司商业信用决策？还少有文献进行研究，本章研究发现，与非核心技术员工股权激励公司相比，创新企业内核心技术员工股权激励具有显著弱化因企业创新（实质性创新和策略性创新）引发商业信用供给的作用，以上结论为如何通过宏微观因素提升企业创新质量提供了政策制定参考，为通过员工股权激励提升企业创新绩效提供了侧面证据。

第二节　理论分析与假设提出

创新是提升企业核心竞争力、推动产业结构升级、引领宏观经济转型的第一动力。现阶段，提升本土企业的自主创新能力是实现经济发展由要素驱动转向创新驱动、建设现代化经济体系和实现高质量可持续发展的必由之路。而基于企业创新的"信号传递效应"以及供应链中下游客户企业对上游企业创新的"风险规避效应"，企业创新策略及不同创新策略选择如何影响商业信用供给，主要可以从以下两方面展开分析：

一、企业创新策略与商业信用供给

一方面，基于企业创新的信号传递效应，创新策略降低了企业的商业信用供给。首先，创新能够显著促进企业技术发展，有利于提高企业未来绩效，传递积极信号，从而降低债权人对企业违约风险的评估水平（Sougiannis，1994；Bowen 等，2010），当企业开展创新活动尤其是高质量的创新活动时，可以使企业向银行、政府等传递积极信号，以示企业有做大做强的潜力，进而有机会同以上机构建立融资关系，获取贷款资源（侯静茹和黎文靖，2017；Laverty，2011），进而弱化企业的融资约束水平，使企业有能力提供商业信用。但有能力提供并不代表企业真实愿意提供商业信用，由于创新的高资金投入、高不确定性风险特性，以及银行发放贷款后对企业监督力度的增强，此时无论从企业自身还是债权人视角，都更愿意提高资金使用效率，减少对外提供商业信用。其次，创新向股票市场传递企业高成长性、高收益的信号，与股权投资者追求公司长远发展的目标相一致，使企业更容易获得股权投资者的资金支持（Hsu 等，2014；张一林等，2016；Feng 等，2022），但这种支持必须建立在企业预期创新成功及公司绩效不断提升的基础上，为吸引持续的资金投入，企业有动机提高资金使用效率和资金回笼速度，降低商业信用供给。

另一方面，基于客户对企业创新的"风险规避效应"，创新策略提高了企业商业信用供给。首先，从接受创新的下游企业出发，鉴于创新活动具有周期长、风险高等特点，并且创新活动属于企业机密信息，为防止创新思想被其他企业盗用，创新企业一般会降低对外部的信息披露，增加与企业外部的信息不对称（Aboody 和 Lev，2000），当企业进行创新时，下游企业为了避免非对称信息背景下上游企业因创新失败而对本企业造成的经济损失，会要求上游企业提供一定的商业信用。其次，从创新企业本身出发，由于企业创新从创新思想产生到创新产品设计生产再到最终将创新产品推向市场得到广大消费者的认可需要一个漫长的过程，在此期间，创新企业为了在市场中获得竞争优势，留住客户，自身也有动力主动向下游企业提供一定的商业信用，给予客户一种担保机制（Lee 和 Stowe，1993；刘民权等，2004；程新生和程菲，2016）。此外，当企业面临更加激烈的外部市场竞争环境及更高的不确定性时，产品创新战略是决定企业绩效成败的关键和企业维持绩效进步的利器。具体而言，创新领先者能够率先积累市场经验、实现规模经济；能够优先获取最有利的空间和位置等稀缺资源，通过技术优势维持竞争优势，并以此向银行、政府等传递积极信号，以示企业有做大做强的潜力，进而有机会同以上机构建立融资关系，获取贷款资源（Laverty，2011；侯静茹和黎文靖，2017），进而弱化企业的融资约束，使企业有能力对外提供商业信用。基于此，提出如下假设：

H6-1a：基于企业创新的信号传递效应，企业创新策略抑制了商业信用供给。

H6-1b：基于客户对企业创新的风险规避效应，企业创新策略提高了商业信用供给。

二、企业创新策略选择与商业信用供给

黎文靖和郑曼妮（2016）研究指出，企业创新策略可以细分为推动企业技术进步和获取竞争优势为目的的"高质量"的实质性创新和为谋求其他利益为目的，通过追求创新"数量"和"速度"来迎合监管与政府的策略性创新，相比策略性创新，虽然实质性创新更能推动企业技术进步并获取竞争优势，但所需时间和资金支持更多，创新失败的风险也更高。因此基于企业创新的"信号传递效应"和客户企业对"创新的风险规避效应"，异质性创新策略选择必将对企业商业信用供给产生差异性结果，具体分析如下：

首先，基于企业创新的"信号传递效应"，与策略性创新选择相比，实质性创新策略更能降低企业商业信用供给。基于前文分析，虽然与策略性创新相比实质性创新更能提高企业的市场价值，推动企业技术进步并获取竞争优势，向市场传递积极信号，但所需时间和资金支持更多，创新失败的风险也更高，因此如果企业创新策略通过"信号传递效应"影响商业信用供给，那么面对企业的创新策略选择，无论是信贷资金的投资者还是权益资金的投资者，都有动力通过推动企业实质性创新来推动上市公司市场价值，并从中获取长期经营利润和投资回报（范海峰和胡玉明，2012；Aghion 等，2013），加强对创新企业的监督，相比策略性创新更有动机要求企业减少资金流出、降低商业信用供给。

其次，基于客户对企业创新的"风险规避效应"，与策略性创新相

比，实质性创新策略更能提高企业的商业信用供给。具体原因如下：由于实质性创新产品的质量在购买初期难以得到有效验证（Smith，1987），为达到使实质性创新产品打开销路、获得竞争优势的目的，一方面，企业有动机给客户提供担保机制而提供商业信用，承诺若在交易之后的一段时间内创新产品出现质量问题，或创新企业没有履行做出的服务，下游企业可以拒绝支付货款（刘民权等，2004；程新生和程菲，2016），进而增加下游客户企业对创新产品的信心。另一方面，考虑到实质性创新未来耗费更多资金与时间以及由于经营环境的快速变化和动荡，使企业面临技术不连续发展、消费者偏好转变、新竞争对手涌现等不确定性事件的冲击（刘彦平和王明康，2021），为避免上游企业因开展实质性创新失败而对本企业造成的经济损失，下游企业更有动机要求上游实质性创新企业提供商业信用。因此如果创新策略选择影响商业信用供给的作用机制支持客户的"创新风险规避效应"，那么与策略性创新相比，企业实质性创新对商业信用供给的正面影响作用更大。基于此，提出如下假设：

H6-2a：基于创新的信号传递效应，与策略性创新相比，实质性创新策略负面影响商业信用供给的作用更大。

H6-2b：基于客户对创新的风险规避效应，与策略性创新相比，实质性创新策略正面影响商业信用供给的作用更大。

第三节　样本选择与研究设计

一、样本选择与数据来源

本章以 2004～2019 年我国沪深 A 股上市公司为研究样本，为确保数据的准确性和可靠性，执行以下筛选程序：①鉴于行业的特殊性，以及会计记账的方法差异，剔除金融行业上市公司样本；②剔除资产总额小于 0

的公司样本；③为避免极端值对回归结果的影响，对变量进行 1% 以下和
99% 以上的分位数缩尾处理（Winsorize）。最终获得了 16 年共 16723 个有
效公司样本，企业创新数据源于中国研究数据服务平台（CNRDS）数据
库，剩余有关公司财务指标的数据来自 CSMAR 数据库。

二、变量定义与模型设定

（一）变量定义

1. 商业信用供给

借鉴陆正飞和杨德明（2011）的做法，用应收账款、应收票据与预
付账款之和除以总资产作为商业信用供给（St_credit）的替代性指标，
同时为剔除公司获得商业信用对商业信用供给的冲击作用，用应收账
款、应收票据、预付账款之和与应付账款、应付票据、预收账款之和作
差之后再除以总资产作为公司对外提供商业信用净额（Nst_credit）的替
代变量。

2. 企业创新策略

借鉴黎文靖和郑曼妮（2016）的做法，分别用公司当年的专利申请
（发明、实用新型和外观设计）总数、发明专利申请数、实用型和外观型
专利申请数之和加 1 取自然对数作为公司总体创新策略 Inno1、实质性创
新 Inno2 和策略性创新 Inno3 替代变量。

此外，为保证结果的稳健性，借鉴陈胜蓝和刘晓玲（2018）、吴娜和
于博（2017）和白俊等（2020）的做法，研究还控制了其他影响公司商
业信用供给变量，具体变量定义如表 6-1 所示。

表 6-1　企业创新行为对商业信用供给影响的变量定义

变量类型	变量符号	变量反映内容	变量定义
被解释变量	St_credit	商业信用供给水平	（应收账款+应收票据+预付账款）/总资产
	Nst_credit	商业信用供给净额	（应收账款+应收票据+预付账款-应付账款-应付票据-预收款项）/资产总额

变量类型	变量符号	变量反映内容	变量定义
解释变量	Inno1	创新策略	企业创新策略：ln（公司当年申请专利总数+1）
	Inno2		企业实质性创新策略：ln（公司当年申请发明专利申请数+1）
	Inno3		企业策略性创新策略：ln（公司当年申请实用型和外观型专利申请数之和+1）
控制变量	Size	企业规模	总资产取对数
	Fcf	企业自由现金流	（营业利润+折旧-利息费用-所得税）/总资产
	Roe	净资产收益率	净利润/所有者权益
	Age	企业上市年限	ln（当年年份-企业上市年份+1）
	State	企业产权性质	哑变量，1 为国有企业、0 为非国有企业
	Growth	企业成长性	托宾 Q 值，（股票市值+负债账面价值）/总资产
	Bank	银行信贷支持	（长期借款+短期借款）/资产总额
	Inv	企业存货水平	企业存货净额/资产总计
	Year	年份虚拟变量	16 年，15 个虚拟变量
	Dum_idus	行业虚拟变量	根据证监会 2012 版行业代码，其中制造业取到二级代码，共计 20 个行业，19 个虚拟变量

（二）模型设定

基于所选因变量商业信用供给（St_credit 和 Nst_credit）的取值特征，选取 Tobit 模型对所提假设进行检验，具体模型设定如下：

$$\text{Tobit}(\text{St\_credit}_{i,t} \text{ or } \text{Nst\_credit}_{i,t}) = \alpha + \beta_1 \times (\text{Inno1}_{i,t} \text{ or } \text{Inno2}_{i,t} \text{ or }$$

$$\text{Inno3}_{i,t}) + \sum_{i=2}^{9} \beta_i \times \text{Control}_{i,t} + \sum \text{Dum\_idus} + \sum \text{Year} + \varepsilon_{i,t} \qquad (6-1)$$

其中，i 和 t 分别代表公司和年份，模型（6-1）中重点关注回归系数 β_1 的取值情况，若创新策略 Inno1 影响商业信用供给的作用机制支持创新的信号传递效应，则 β_1 显著为负；反之，若创新策略 Inno1 影响商业信用供给的作用机制支持客户的风险规避效应，则 β_1 显著为正。此外，为检验实质性创新和策略性创新对企业商业信用供给的作用效果，通过似无相关检验对比实质性创新 Inno2 和策略性创新 Inno3 的回归系数的大小，若 Inno2 与商业信用供给的回归系数显著大于 Inno3 的回归系数，则说明实质性创新影响商业信用供给的作用强度显著大于策略性创新影响商业信用供给的作用，反之则反是。

第四节　实证检验与结果分析

一、描述性统计分析

表 6-2 报告了主要变量的描述性统计分析结果，从 Panel A 全样本描述性统计结果可以看出：第一，全样本企业商业信用供给水平（St_credit）的整体均值和中位数分别为 0.176 和 0.158、标准差为 0.117；商业信用供给净额（Nst_credit）的整体均值和中位数分别为 0.047 和 0.039、标准差为 0.108；较小的标准差说明样本企业中商业信用供给水平和商业信用供给净额整体分布较为集中。第二，创新策略的指标，总体创新策略（Inno1）的标准差为 1.141，而实质性创新（Inno2）还是策略性创新（Inno3）的标准差均在 0.9 以上，较大的标准差说明样本企业间创新策略选择存在较大差异。另外，Panel B 中分别以创新策略指标（Inno1、Inno2 和 Inno3）的中位数作为分组依据，将样本企业分为高创新组和低创新组，均值 T 检验和中位数秩检验结果显示，商业信用供给水平（St_credit）在高创新组中的均值和中位数均显著大于低创新组，该结论支持假设 1b 和 2b，即创新策略通过客户的风险规避效应正面影响商业信用供给水平。商业信用供给净额（Nst_credit）在高创新组中的均值和中位数均显著小于低创新产出组，该结论支持假设 H1a 和 H2a，即创新策略通过信号传递效应负面影响商业信用供给。综合以上分析，本章假设部分内容均得到初步验证，但最终创新策略通过信号传递效应还是客户的风险规避效应影响商业信用供给，仍有必要做进一步检验。

表 6-2　企业创新行为对商业信用供给影响的描述性统计

Panel A：全样本描述性统计

变量	样本数	均值	中位数	最小值	最大值	标准差
St_credit	16723	0.176	0.158	0.003	0.548	0.117
Nst_credit	16723	0.047	0.039	−0.255	0.371	0.108
Inno1	16723	0.609	0.000	0.000	4.812	1.141
Inno2	16723	0.455	0.000	0.000	4.111	0.925
Inno3	16723	0.369	0.000	0.000	4.190	0.902
Size	16723	22.080	21.880	19.250	25.950	1.340
Fcf	16723	0.048	0.045	−0.270	0.215	0.058
Roe	16723	0.081	0.082	−0.593	0.405	0.115
Age	16723	1.990	2.197	0.000	3.258	0.862
State	16723	0.551	1.000	0.000	1.000	0.497
Growth	16723	0.463	0.473	0.055	0.990	0.203
Bank	16723	0.173	0.155	0.000	0.621	0.141
Inv	16723	0.164	0.128	0.000	0.726	0.143

Panel B：不同创新产出水平下商业信用供给的差异性分析

变量	商业信用供给水平（St_credit）			商业信用供给净额（Nst_credit）		
	High−Inno1	Low−Inno1	difference	High−Inno1	Low−Inno1	difference
Mean	0.196	0.170	12.425***	0.043	0.047	−2.066***
Median	0.181	0.151	13.998***	0.037	0.040	−1.975***
	High−Inno2	Low−Inno2	difference	High−Inno2	Low−Inno2	difference
Mean	0.195	0.171	10.454***	0.043	0.047	−1.776*
Median	0.180	0.153	12.031***	0.036	0.040	−1.856*
	High−Inno3	Low−Inno3	difference	High−Inno3	Low−Inno3	difference
Mean	0.198	0.171	12.104***	0.039	0.048	−4.682***
Median	0.185	0.152	12.981***	0.033	0.040	−4.776***

注：*、**和***分别表示在10%、5%和1%的水平上显著。

二、回归分析

表 6-3 报告了企业创新策略与商业信用供给的 Tobit 回归分析结果，从

中可以看出：第一，反映企业创新策略的指标（Inno1、Inno2 和 Inno3）均
与商业信用供给水平（St_credit）以及商业信用供给净额（Nst_credit）在
1%的显著性水平呈现正相关关系。第二，似无相关检验结果说明，实质
性创新变量 Inno2 与商业信用供给的回归系数显著大于策略性创新变量
Inno3 的回归系数。针对主要控制变量，回归结果显示企业规模 Size、自
由现金流水平 Fcf、企业年龄 Age、企业存货水平 Inv 等变量取值越大，企
业对外提供的商业信用水平 St_credit 和商业信用供给净额 Nst_credit 越
少；而当企业的净资产收益率 Roe 越高时，对外提供的商业信用水平 St_
credit 和商业信用净额 Nst_credit 越多，以上结果符合理论及现实预期。
产权性质变量 State 与商业信用水平 St_credit 并未表现出显著的相关性，
但与商业信用净额 Nst_credit 在 10%的显著性水平表现出正向关系，说明
与非国有企业相比，国有企业对外提供的商业信用净额越多。企业成长性
Growth 与商业信用供给水平 St_credit 显著正相关，但与商业信用供给净
额 Nst_credit 显著负相关，说明在不考虑企业获得的商业信用融资的前提
下，企业成长性越高对外提供的商业信用越多，但如果扣除企业获得的商
业信用融资，高成长性的企业为了自身后期发展，不愿对外提供商业信
用。第三，企业从银行获得的信贷支持 Bank 与商业信用供给水平 St_
credit 显著负相关，却与商业信用供给净额 Nst_credit 显著正相关，说明在
不考虑企业获得的商业信用融资时，企业从银行获得的信贷支持越多对外
提供的商业信用越少，而当企业具备从客户获得商业信用融资的能力后，
企业从银行获得的信贷支持越多，对外提供的商业信用净额越多，以上结
论与陈胜蓝和刘晓玲（2019）以及章铁生和李媛媛（2019）的结果相近。
综合以上回归结果，说明企业创新策略正面影响企业商业信用供给，与策
略性创新相比，实质性创新影响商业信用供给的程度更强，以上结果支持
假设 1b 和 2b 的内容，即企业创新策略通过客户对创新的风险规避效应影
响商业信用供给。

表6-3　创新策略（CNRDS申请专利）与商业信用供给的回归分析

变量	商业信用供给水平 St_credit			商业信用供给净额 Nst_credit		
	（1）	（2）	（3）	（4）	（5）	（6）
_cons	0.629***	0.622***	0.605***	0.447***	0.449***	0.428***
	（14.43）	（14.24）	（13.95）	（10.91）	（10.94）	（10.55）
Inno1	0.010***			0.007***		
	（6.16）			（4.53）		
Inno2		0.011***			0.008***	
		（5.56）			（4.51）	
Inno3			0.010***			0.006***
			（5.08）			（3.47）
Size	−0.024***	−0.023***	−0.022***	−0.015***	−0.015***	−0.014***
	（−11.14）	（−10.97）	（−10.65）	（−8.06）	（−8.09）	（−7.66）
Fcf	−0.348***	−0.351***	−0.347***	−0.405***	−0.407***	−0.405***
	（−6.41）	（−6.46）	（−6.37）	（−7.54）	（−7.56）	（−7.54）
Roe	0.191***	0.192***	0.191***	0.206***	0.207***	0.207***
	（7.85）	（7.88）	（7.87）	（8.50）	（8.52）	（8.53）
Age	−0.012***	−0.012***	−0.011***	−0.000	−0.000	−0.000
	（−4.71）	（−4.69）	（−4.54）	（−0.20）	（−0.20）	（−0.09）
State	0.007	0.007	0.007	0.008*	0.008*	0.008*
	（1.54）	（1.56）	（1.49）	（1.88）	（1.90）	（1.84）
Growth	0.250***	0.251***	0.249***	−0.230***	−0.229***	−0.231***
	（14.33）	（14.33）	（14.23）	（−13.86）	（−13.85）	（−13.90）
Bank	−0.205***	−0.206***	−0.206***	0.225***	0.225***	0.225***
	（−10.19）	（−10.23）	（−10.21）	（11.48）	（11.48）	（11.41）
Inv	−0.129***	−0.129***	−0.130***	−0.094***	−0.094***	−0.095***
	（−7.33）	（−7.32）	（−7.34）	（−5.87）	（−5.86）	（−5.91）
Industry	控制	控制	控制	控制	控制	控制
Year	控制	控制	控制	控制	控制	控制
N	16723	16723	16723	16723	16723	16723
F−Test	44.402	44.223	43.966	27.746	27.751	27.707
Likelihood	13955.859	13943.773	13926.803	14703.054	14704.747	14685.030

续表

变量	商业信用供给水平 St_credit			商业信用供给净额 Nst_credit		
	(1)	(2)	(3)	(4)	(5)	(6)

商业信用供给额：实质性创新（Inno2）VS 策略性创新（Inno3）Chi2：4.19**

商业信用供给净额：实质性创新（Inno2）VS 策略性创新（Inno3）Chi2：10.74***

注：回归系数为经过 Margins 调整后的边际效应；括号内为经过异方差调整和公司层面 Cluster 之后的 t 统计量。＊、＊＊和＊＊＊分别表示在 10%、5% 和 1% 水平上显著；似无相关检验结果为非聚类（Cluster）回归后系数对比结果。

三、稳健性检验

为保障以上结果的稳健性，主要进行以下稳健性检验：

第一，用中国研究数据服务平台（CNRDS）数据库中授权专利数据对原数据集中企业创新策略指标进行替换，重新进行回归分析，发现结果并未发生明显变化，具体结果如表 6-4 所示。

表 6-4 创新策略（CNRDS 授权专利）与商业信用供给的回归分析

变量	商业信用供给水平 St_credit			商业信用供给净额 Nst_credit		
	(1)	(2)	(3)	(4)	(5)	(6)
_cons	0.625***	0.610***	0.600***	0.445***	0.446***	0.423***
	(14.36)	(14.07)	(13.85)	(10.91)	(11.04)	(10.45)
Inno1	0.011***			0.007***		
	(5.91)			(4.38)		
Inno2		0.013***			0.011***	
		(5.01)			(4.57)	
Inno3			0.009***			0.005***
			(4.80)			(3.10)
Size	−0.023***	−0.023***	−0.022***	−0.015***	−0.015***	−0.014***
	(−11.06)	(−10.77)	(−10.55)	(−8.03)	(−8.15)	(−7.54)
Fcf	−0.349***	−0.355***	−0.349***	−0.406***	−0.410***	−0.406***
	(−6.43)	(−6.52)	(−6.41)	(−7.55)	(−7.62)	(−7.57)

续表

变量	商业信用供给水平 St_credit			商业信用供给净额 Nst_credit		
	(1)	(2)	(3)	(4)	(5)	(6)
Roe	0.193***	0.195***	0.193***	0.208***	0.210***	0.208***
	(7.95)	(8.00)	(7.92)	(8.57)	(8.62)	(8.56)
Age	-0.012***	-0.012***	-0.011***	-0.000	-0.000	-0.000
	(-4.70)	(-4.67)	(-4.56)	(-0.19)	(-0.20)	(-0.10)
State	0.007	0.007	0.007	0.008*	0.009*	0.008*
	(1.54)	(1.56)	(1.50)	(1.88)	(1.92)	(1.85)
Growth	0.250***	0.250***	0.249***	-0.230***	-0.230***	-0.231***
	(14.30)	(14.28)	(14.22)	(-13.88)	(-13.87)	(-13.89)
Bank	-0.205***	-0.206***	-0.206***	0.226***	0.225***	0.224***
	(-10.17)	(-10.23)	(-10.23)	(11.49)	(11.52)	(11.38)
Inv	-0.129***	-0.130***	-0.130***	-0.095***	-0.095***	-0.095***
	(-7.36)	(-7.39)	(-7.36)	(-5.91)	(-5.93)	(-5.93)
Industry	控制	控制	控制	控制	控制	控制
Year	控制	控制	控制	控制	控制	控制
N	16723	16723	16723	16723	16723	16723
F-Test	44.668	44.572	44.272	28.473	28.512	28.408
Likelihood	13939.678	13920.216	13912.086	14693.924	14699.023	14675.022

商业信用供给额：实质性创新（Inno2）VS 策略性创新（Inno3）Chi2：13.70***
商业信用供给净额：实质性创新（Inno2）VS 策略性创新（Inno3）Chi2：30.80***

第二，考虑到创新策略影响商业信用供给可能存在滞后效应及反向因果作用，因此在稳健性检验中对企业创新策略做滞后一期处理，重新进行回归分析，结果依然未发生明显变化。具体结果如表6-5所示。

表6-5 滞后一期创新策略（CNRDS 申请专利）与商业信用供给的回归分析

变量	商业信用供给水平 St_credit			商业信用供给净额 Nst_credit		
	(1)	(2)	(3)	(4)	(5)	(6)
_cons	0.632***	0.627***	0.608***	0.434***	0.437***	0.415***
	(13.81)	(13.63)	(13.37)	(10.13)	(10.15)	(9.78)

续表

变量	商业信用供给水平 St_credit			商业信用供给净额 Nst_credit		
	（1）	（2）	（3）	（4）	（5）	（6）
L. Inno1	0.010***			0.007***		
	（5.73）			（4.11）		
L. Inno2		0.011***			0.008***	
		（5.17）			（4.09）	
L. Inno3			0.010***			0.006***
			（4.78）			（3.04）
Size	−0.023***	−0.023***	−0.022***	−0.014***	−0.014***	−0.013***
	（−10.30）	（−10.15）	（−9.86）	（−7.16）	（−7.19）	（−6.76）
Fcf	−0.375***	−0.378***	−0.373***	−0.408***	−0.410***	−0.407***
	（−6.32）	（−6.36）	（−6.29）	（−6.98）	（−7.00）	（−6.99）
Roe	0.230***	0.231***	0.230***	0.230***	0.231***	0.230***
	（8.80）	（8.82）	（8.76）	（8.91）	（8.93）	（8.91）
Age	−0.022***	−0.022***	−0.022***	−0.008***	−0.008***	−0.008**
	（−6.67）	（−6.65）	（−6.51）	（−2.62）	（−2.62）	（−2.52）
State	0.003	0.003	0.003	0.006	0.006	0.006
	（0.63）	（0.63）	（0.61）	（1.31）	（1.32）	（1.29）
Growth	0.243***	0.244***	0.242***	−0.229***	−0.228***	−0.230***
	（13.27）	（13.27）	（13.17）	（−13.50）	（−13.48）	（−13.53）
Bank	−0.208***	−0.209***	−0.209***	0.215***	0.215***	0.214***
	（−10.06）	（−10.10）	（−10.09）	（10.94）	（10.95）	（10.86）
Inv	−0.117***	−0.117***	−0.117***	−0.084***	−0.084***	−0.085***
	（−6.59）	（−6.59）	（−6.59）	（−5.10）	（−5.10）	（−5.12）
Industry	控制	控制	控制	控制	控制	控制
Year	控制	控制	控制	控制	控制	控制
N	13832	13832	13832	13832	13832	13832
F-Test	43.850	43.566	43.631	27.609	27.503	27.624
Likelihood	12363.874	12354.205	12340.824	13053.528	13055.334	13038.478

商业信用供给额：实质性创新（Inno2）VS 策略性创新（Inno3）Chi2：4.03**

商业信用供给净额：实质性创新（Inno2）VS 策略性创新（Inno3）Chi2：11.44***

注：同表 6-3。

第三，更换回归方法，使用多维面板固定效应回归模型，具体如模型（6-2）所示，控制时间、行业和省份固定效应，同时在公司层面进行聚类，并通过费舍尔组合检验分别以商业信用供给总额（St_credit）和商业信用供给净额（Nst_credit）为因变量，检验实质性创新策略（Inno2）和策略性创新策略（Inno3）对商业信用供给的差异性作用效果。从表6-6的结果可以看出，企业创新策略对商业信用供给的作用效果与之前基准检验一致，并未发生显著改变。

表6-6　多维面板固定效应模型下企业创新策略对商业信用供给的回归结果

变量	商业信用供给水平 St_credit			商业信用供给净额 Nst_credit		
	（1）	（2）	（3）	（4）	（5）	（6）
_cons	0.659***	0.654***	0.635***	0.469***	0.471***	0.450***
	（15.13）	（14.94）	（14.61）	（12.04）	（12.07）	（11.61）
Inno1	0.011***			0.006***		
	（6.66）			（4.46）		
Inno2		0.012***			0.008***	
		（6.00）			（4.49）	
Inno3			0.010***			0.005***
			（5.42）			（3.10）
Size	−0.024***	−0.024***	−0.023***	−0.016***	−0.016***	−0.015***
	（−11.53）	（−11.35）	（−11.00）	（−8.69）	（−8.73）	（−8.24）
Fcf	−0.343***	−0.346***	−0.342***	−0.376***	−0.377***	−0.376***
	（−6.46）	（−6.50）	（−6.43）	（−7.21）	（−7.23）	（−7.22）
Roe	0.188***	0.189***	0.189***	0.201***	0.201***	0.201***
	（7.94）	（7.97）	（7.97）	（8.45）	（8.47）	（8.50）
Age	−0.011***	−0.011***	−0.011***	−0.002	−0.002	−0.002
	（−4.56）	（−4.54）	（−4.34）	（−0.84）	（−0.84）	（−0.70）
State	0.010**	0.010**	0.010*	0.013***	0.013***	0.012***
	（2.01）	（2.03）	（1.95）	（2.83）	（2.85）	（2.79）
Growth	0.248***	0.248***	0.246***	−0.217***	−0.217***	−0.218***
	（14.41）	（14.42）	（14.31）	（−13.87）	（−13.85）	（−13.90）

续表

变量	商业信用供给水平 St_credit			商业信用供给净额 Nst_credit		
	（1）	（2）	（3）	（4）	（5）	（6）
Bank	-0.197***	-0.198***	-0.197***	0.227***	0.226***	0.226***
	(-9.91)	(-9.96)	(-9.90)	(12.20)	(12.20)	(12.13)
Inv	-0.125***	-0.125***	-0.126***	-0.092***	-0.092***	-0.093***
	(-7.39)	(-7.39)	(-7.41)	(-5.84)	(-5.84)	(-5.88)
Industry	控制	控制	控制	控制	控制	控制
Province	控制	控制	控制	控制	控制	控制
Year	控制	控制	控制	控制	控制	控制
N	16712	16712	16712	16712	16712	16712
Within-Adj_R^2	0.123	0.122	0.120	0.170	0.170	0.168
F-Test	46.713	45.594	44.119	66.059	66.367	64.749
Likelihood	14941.860	14928.115	14907.743	15838.976	15840.990	15818.979

商业信用供给额：实质性创新（Inno2）VS 策略性创新（Inno3）0.002***
商业信用供给净额：实质性创新（Inno2）VS 策略性创新（Inno3）0.003***

注：括号内为经过异方差调整和公司层面 Cluster 之后的 t 统计量。*、**和*** 分别表示在 10%、5% 和 1% 水平上显著。组间差异性分析为通过费舍尔组合检验的回归系数差异性检验结果。

$$\text{Tobit}(\text{St\_credit}_{i,t} \ \text{or} \ \text{Nst\_credit}_{i,t}) = \alpha + \beta_1 \times (\text{Inno1}_{i,t} \ \text{or} \ \text{Inno2}_{i,t} \ \text{or}$$
$$\text{Inno3}_{i,t}) + \sum_{i=2}^{9} \beta_i \times \text{Control}_{i,t} + \sum \text{Dum\_idus} + \sum \text{Year} + \sum \text{Province} + \varepsilon_{i,t} \quad (6-2)$$

第四，替换关键被解释变量，借鉴陈胜蓝和刘晓玲（2019）的做法，以（应收账款+应收票据）/总资产作为商业信用供给水平（St_credit）的替代变量；以（应收账款+应收票据-应付账款-应付票据）/总资产作为商业信用供给净额（Nst_credit）的替代变量重新对模型（6-1）进行回归，并通过似无相关分析比较实质性创新和策略性创新的回归系数大小。从表 6-7 的结果可以看出，企业创新策略对商业信用供给作用效果之前基准检验并未发生显著变化，回归结果具有稳健性。

表6-7　替换被解释变量后创新策略与商业信用供给的回归分析

结果	商业信用供给水平 St_credit			商业信用供给净额 Nst_credit		
	（1）	（2）	（3）	（4）	（5）	（6）
_cons	0.570***	0.564***	0.543***	0.388***	0.389***	0.366***
	（14.09）	（13.95）	（13.46）	（10.05）	（10.14）	（9.58）
Inno1	0.010***			0.007***		
	（6.60）			（4.77）		
Inno2		0.012***			0.009***	
		（6.10）			（4.86）	
Inno3			0.010***			0.006***
			（5.28）			（3.48）
Size	−0.022***	−0.022***	−0.021***	−0.014***	−0.014***	−0.013***
	（−11.50）	（−11.37）	（−10.86）	（−8.06）	（−8.15）	（−7.54）
Fcf	−0.203***	−0.206***	−0.201***	−0.270***	−0.272***	−0.269***
	（−4.00）	（−4.06）	（−3.96）	（−5.54）	（−5.57）	（−5.54）
Roe	0.125***	0.126***	0.126***	0.147***	0.148***	0.148***
	（5.43）	（5.47）	（5.44）	（6.67）	（6.70）	（6.70）
Age	−0.010***	−0.010***	−0.009***	0.001	0.001	0.001
	（−4.29）	（−4.27）	（−4.10）	（0.51）	（0.51）	（0.63）
State	0.006	0.006	0.006	0.007*	0.007*	0.007*
	（1.30）	（1.32）	（1.25）	（1.76）	（1.79）	（1.72）
Growth	0.204***	0.205***	0.203***	−0.267***	−0.267***	−0.268***
	（12.21）	（12.21）	（12.10）	（−18.27）	（−18.25）	（−18.30）
Bank	−0.180***	−0.181***	−0.181***	0.241***	0.241***	0.240***
	（−9.45）	（−9.49）	（−9.47）	（13.78）	（13.79）	（13.69）
Inv	−0.115***	−0.115***	−0.116***	−0.087***	−0.086***	−0.087***
	（−7.14）	（−7.12）	（−7.16）	（−5.79）	（−5.78）	（−5.83）
Industry	控制	控制	控制	控制	控制	控制
Year	控制	控制	控制	控制	控制	控制
N	16723	16723	16723	16723	16723	16723

结果	商业信用供给水平 St_credit			商业信用供给净额 Nst_credit		
	（1）	（2）	（3）	（4）	（5）	（6）
F-Test	55.347	55.422	55.202	40.138	40.234	40.102
Likelihood	15858.456	15844.747	15818.206	16700.753	16703.808	16676.144

商业信用供给额：实质性创新（Inno2）VS 策略性创新（Inno3）Chi2：7.59***
商业信用供给净额：实质性创新（Inno2）VS 策略性创新（Inno3）Chi2：16.77***

注：同表6-3。

第五节　机制检验与拓展性分析

一、机制检验

虽然前文研究结果发现，在不考虑其他因素时企业创新策略影响商业信用供给，支持客户对企业创新的风险规避效应。但创新策略是否通过客户的风险规避效应影响商业信用供给，仍需作进一步检验。

借鉴余明桂等（2013）的做法，引入企业风险承担能力（Risk）作为风险规避的替代变量，即$\sigma(ROA_i)$。这里，ROA_i为企业i相应年的息税前利润（EBIT）与当年末资产总额的比率。为了剔除行业因素对企业ROA的影响，先将企业每一年的ROA减去该年企业所在的行业均值，然后计算企业在每一个观测时段内经行业调整的ROA的标准差，用以衡量企业对应时段的风险承担能力。相对于供应链下游客户企业，上游创新企业风险承担能力越高，对下游客户企业造成的风险越低，此时，如果创新策略正向影响商业信用供给的作用显著弱化，则支持客户对企业创新的风险规避效应，反之则支持企业创新影响商业信用供给的信号传递效应。

基于以上思想，构建模型（6-3）检验创新策略影响商业信用供给的作用机制，如果模型（6-3）中回归系数 β_3 显著为负，则支持客户对企业创新的风险规避效应：

$$\text{Tobit}\left(St\_credit_{i,t} \text{ or } Nst\_credit_{i,t}\right) = \alpha + \beta_1 \times \left(Inno1_{i,t} \text{ or } Inno2_{i,t} \text{ or } Inno3_{i,t}\right) + \beta_2 \times Risk_{i,t} + \beta_3 \left(Inno1_{i,t} \times Risk_{i,t} \text{ or } Inno2_{i,t} \times Risk_{i,t} \text{ or } Inno3_{i,t} \times Risk_{i,t}\right) + \sum_{i=4}^{12} \beta_i \times Control_{i,t} + \sum Dum\_idus + \sum Year + \varepsilon_{i,t} \tag{6-3}$$

表 6-8 列示了企业风险承担能力、创新策略与商业信用供给的回归分析结果，其中，第一，企业风险承担能力和创新策略的交乘项 Risk×Inno1、Risk×Inno2 与商业信用供给水平（St_credit）呈现负相关关系，其中 Risk×Inno2 与商业信用供给水平在 5% 的显著性水平显著负相关，以上结果说明，总体上企业风险承担能力弱化了创新策略与商业信用供给之间的正向关系，而这种弱化作用在实质性创新策略（Inno2）与商业信用供给水平（St_crdit）之间尤为显著，以上结论符合实质性创新具有更高风险的特点，当企业风险承担能力增强时更能弱化企业因开展实质性创新而提供的商业信用。第二，企业风险承担能力和创新策略的交乘项 Risk×Inno1、Risk×Inno2 和 Risk×Inno3 均与商业信用供给净额（Nst_credit）呈现负相关关系，但只有总体创新策略和实质性创新策略与风险承担能力的交乘项（Risk×Inno1 和 Risk×Inno2）表现出显著负相关的关系，企业风险承担能力和策略性创新的交乘项（Risk×Inno3）与商业信用供给净额（Nst_credit）之间的负向关系并不显著，以上结果说明，在更严格地对商业信用供给进行衡量的情况下，企业风险承担能力显著弱化了总体创新策略和实质性创新策略与商业信用供给之间的正向关系，但由于策略性创新本身未来成功不确定性风险相较实质性创新较小，因此，企业风险承担能力并未显著弱化策略性创新与商业信用供给净额之间的正向关系。综合以上分析可以认为，伴随创新企业风险承担能力的提升，下游客户企业会显著降低要求创新企业提供商业信用的动机，以上结论符合创新策略影响商业信用供给的客户风险规避的效应。

表6-8　企业风险承担能力、创新策略与商业信用供给回归分析结果

变量	商业信用供给水平（St_credit）			商业信用供给净额（Nst_credit）		
	(1)	(2)	(3)	(4)	(5)	(6)
_cons	0.626***	0.619***	0.602***	0.442***	0.443***	0.423***
	(14.58)	(14.38)	(14.08)	(10.97)	(10.99)	(10.61)
Inno1	0.010***			0.007***		
	(6.26)			(4.47)		
Inno2		0.011***			0.008***	
		(5.67)			(4.45)	
Inno3			0.010***			0.006***
			(5.10)			(3.38)
Risk	−0.000***	−0.000***	−0.000***	0.000***	0.000***	0.000***
	(−4.53)	(−4.51)	(−4.42)	(10.03)	(10.02)	(10.07)
Risk×Inno1	−0.001			−0.001*		
	(−0.98)			(−1.80)		
Risk×Inno2		−0.002**			−0.001***	
		(−2.35)			(−2.77)	
Risk×Inno3			0.001			−0.001
			(0.14)			(−0.24)
Size	−0.024***	−0.023***	−0.022***	−0.015***	−0.015***	−0.014***
	(−11.26)	(−11.08)	(−10.76)	(−8.11)	(−8.14)	(−7.71)
Fcf	−0.343***	−0.347***	−0.342***	−0.401***	−0.403***	−0.401***
	(−6.41)	(−6.46)	(−6.37)	(−7.56)	(−7.59)	(−7.57)
Roe	0.187***	0.188***	0.188***	0.205***	0.206***	0.205***
	(7.85)	(7.89)	(7.87)	(8.63)	(8.64)	(8.66)
Age	−0.011***	−0.011***	−0.011***	−0.001	−0.001	−0.000
	(−4.69)	(−4.67)	(−4.53)	(−0.25)	(−0.25)	(−0.15)
State	0.007	0.007	0.007	0.008*	0.008*	0.008*
	(1.55)	(1.57)	(1.50)	(1.85)	(1.88)	(1.81)
Growth	0.247***	0.248***	0.246***	−0.227***	−0.226***	−0.228***
	(14.42)	(14.41)	(14.32)	(−14.17)	(−14.15)	(−14.21)
Bank	−0.204***	−0.205***	−0.205***	0.220***	0.220***	0.220***
	(−10.31)	(−10.35)	(−10.33)	(11.69)	(11.70)	(11.63)

续表

变量	商业信用供给水平（St_credit）			商业信用供给净额（Nst_credit）		
	（1）	（2）	（3）	（4）	（5）	（6）
Inv	−0.124***	−0.124***	−0.124***	−0.092***	−0.092***	−0.093***
	（−7.25）	（−7.24）	（−7.26）	（−5.87）	（−5.86）	（−5.90）
Year	控制	控制	控制	控制	控制	控制
Industry	控制	控制	控制	控制	控制	控制
N	16720	16720	16720	16720	16720	16720
F−Test	44.471	44.310	44.015	54.107	56.385	54.561
Likelihood	14759.453	14747.418	14729.684	15569.083	15570.741	15551.160

注：回归系数为经过 Margins 调整后的边际效应；括号内为经过异方差调整和公司层面 Cluster 之后的 t 统计量；*、**和***分别表示在10%、5%和1%水平上显著。

二、拓展性分析

（一）基于金融发展的企业创新策略与商业信用供给

企业所处外部金融发展环境对创新策略与商业信用供给的关系能产生重要影响，首先，地区金融发展水平的提升能显著降低区域范围内上市公司的融资约束水平（李斌和江伟，2006；沈红波等，2010），当高金融发展地区供应链下游企业自身融资约束得到显著缓解，会弱化对上游创新企业要求提供商业信用的动机。其次，金融发展水平的提升将明显提高公司治理水平、降低公司与外界的信息不对称性（Doidge 等，2007），因此高金融发展地区供应链下游企业更有机会获得上游创新企业有关创新更加客观、更加真实的信息，而基于长期合作信任基础，当上游企业开展创新时，能对外传递更加客观正面积极的信号，使供应链下游客户企业更容易对上游创新企业产生信任体恤效应，降低商业信用供给要求。最后，基于我国现实情况，信贷市场发达的地区其股票市场发展也更趋成熟，一方面，基于股票市场发展对公司高质量信息披露的要求，高金融发展地区当上游企业开展创新时能对市场传递更加客观真实的积极信号，弱化了下游客户企业为防止上游创新企业创新失败导致公司亏损而要求上游创新企业提供商业信用的动机；另一方面，基于股票市场在风险配置能力、利益激励机制和投资退出机制等方面的优势（Levine，1997；钟腾和汪昌云，2017），使高金融发展地区供应链下游客户企业对创新的风险容忍度均会显著高于低金融发展地区，使创新策略影响商业信用供给的正向作用会显著变小。综上所述，金融发展通过信号传递效应影响创新策略与商业信用供给之间的关系，金融发展负向调节创新策略与商业信用供给之间的关系。

基于我国以银行为主导的资本市场体系，为验证以上推论，借鉴庄毓敏等（2020）的做法，以各省银行业金融机构存贷款余额与GDP的比值作为衡量金融发展代理变量。具体操作时按该指标上下四分之一分位数将上市公司所属区域分为高金融发展地区和低金融发展地区，并通过似无相关检验，对比模型（6-1）中衡量企业创新策略的指标，总体创新策略（Inno1）、实质性创新（Inno2）和策略性创新（Inno3）的回归系数在不同金融发展地区样本企业中的大小。从表6-9的结果可以看出：反映创新策略选择的变量（Inno1、Inno2、Inno3）与商业信用供给变量（St_credit、Nst_credit）的回归系数，在高金融发展地区均显著小于低金融发展地区。综合以上分析，金融发展通过信号传递效应影响创新策略选择与商业信用供给变量之间的关系，地区金融发展弱化了创新策略对商业信用供给的正向作用。

（二）基于核心技术员工股权激励的创新产出与商业信用供给

自代理理论提出以来，如何有效激励和约束公司代理人行为、降低公司代理成本，一直是公司治理理论界重要的研究主题。在此过程中，由于股权激励能够较好地将公司内部人的利益和公司发展的长远利益紧密结合在一起，因此受到越来越多公司的青睐。而从对公司非高管实施股权激励的视角，Chang等（2015）、姜英兵和于雅萍（2017）、郭蕾等（2019）研究认为伴随科技技术的发展，对公司内部掌握核心技术的非高管人员实施股权激励能够提高公司的创新产出，提升公司价值。既然股权激励能够影响公司价值，而公司价值的实现在一定程度上又依赖于公司财务决策，因此商业信用供给作为公司财务决策的重要组成部分，必然会受股权激励的影响。

表6-9　不同金融发展水平下创新策略与商业信用供给的回归分析结果

变量	商业信用供给水平（St_crdit）						商业信用供给净额（Nst_credit）					
	高金融发展地区			低金融发展地区			高金融发展地区			低金融发展地区		
	(1)	(2)	(3)	(4)	(5)	(6)	(7)	(8)	(9)	(10)	(11)	(12)
_cons	0.672***	0.675***	0.632***	0.677***	0.666***	0.662***	0.461***	0.471***	0.428***	0.538***	0.535***	0.523***
	(8.61)	(8.58)	(8.17)	(8.51)	(8.47)	(8.24)	(6.71)	(6.84)	(6.25)	(6.85)	(6.89)	(6.63)
Inno1	0.007***			0.017***			0.004			0.014***		
	(2.58)			(4.89)			(1.60)			(4.03)		
Inno2		0.009**			0.020***			0.006*			0.018***	
		(2.53)			(4.68)			(1.91)			(4.19)	
Inno3			0.004			0.018***			0.001			0.014***
			(1.44)			(4.06)			(0.36)			(3.14)
Size	-0.027***	-0.027***	-0.025***	-0.026***	-0.025***	-0.025***	-0.017***	-0.018***	-0.016***	-0.019***	-0.019***	-0.018***
	(-6.75)	(-6.75)	(-6.30)	(-6.52)	(-6.46)	(-6.26)	(-5.37)	(-5.51)	(-4.89)	(-5.19)	(-5.22)	(-4.97)
Fcf	-0.284***	-0.285***	-0.282***	-0.338***	-0.347***	-0.336***	-0.438***	-0.439***	-0.436***	-0.342***	-0.347***	-0.342***
	(-2.96)	(-2.95)	(-2.93)	(-3.50)	(-3.60)	(-3.47)	(-4.25)	(-4.26)	(-4.21)	(-3.43)	(-3.48)	(-3.41)
Roe	0.156***	0.156***	0.154***	0.163***	0.165***	0.165***	0.193***	0.193***	0.192***	0.171***	0.172***	0.173***
	(3.42)	(3.41)	(3.39)	(3.93)	(3.95)	(3.99)	(3.85)	(3.85)	(3.81)	(3.90)	(3.90)	(3.94)
Age	-0.015***	-0.015***	-0.015***	-0.004	-0.004	-0.004	-0.006	-0.006	-0.006	0.007*	0.007*	0.007*
	(-3.14)	(-3.13)	(-3.10)	(-0.86)	(-0.84)	(-0.79)	(-1.41)	(-1.41)	(-1.40)	(1.68)	(1.67)	(1.73)
State	0.015	0.015	0.014	0.000	0.001	-0.001	0.018**	0.018**	0.018**	0.007	0.007	0.006
	(1.57)	(1.58)	(1.51)	(0.04)	(0.07)	(-0.09)	(2.28)	(2.31)	(2.22)	(0.85)	(0.90)	(0.74)

续表

| 变量 | 商业信用供给水平（St_crdit） | | | | | | 商业信用供给净额（Nst_credit） | | | | | |
| | 高金融发展地区 | | | 低金融发展地区 | | | 高金融发展地区 | | | 低金融发展地区 | | |
	(1)	(2)	(3)	(4)	(5)	(6)	(7)	(8)	(9)	(10)	(11)	(12)
Growth	0.287***	0.288***	0.285***	0.196***	0.197***	0.192***	-0.144***	-0.143***	-0.146***	-0.303***	-0.301***	-0.306***
	(8.58)	(8.60)	(8.49)	(6.88)	(6.95)	(6.78)	(-4.62)	(-4.59)	(-4.66)	(-9.93)	(-9.88)	(-10.02)
Bank	-0.180***	-0.180***	-0.180***	-0.192***	-0.195***	-0.189***	0.183***	0.183***	0.182***	0.277***	0.274***	0.279***
	(-4.97)	(-4.98)	(-4.96)	(-5.84)	(-5.92)	(-5.70)	(5.23)	(5.24)	(5.22)	(8.27)	(8.22)	(8.27)
Inv	-0.126***	-0.126***	-0.126***	-0.102***	-0.104***	-0.101***	-0.133***	-0.133***	-0.132***	-0.049	-0.050	-0.048
	(-4.03)	(-4.02)	(-4.02)	(-3.37)	(-3.44)	(-3.33)	(-4.82)	(-4.82)	(-4.82)	(-1.50)	(-1.55)	(-1.47)
Industry	控制	控制	控制	控制	控制	控制	控制	控制	控制	控制	控制	控制
Year	控制	控制	控制	控制	控制	控制	控制	控制	控制	控制	控制	控制
N	4178	4178	4178	4178	4178	4178	4178	4178	4178	4178	4178	4178
F-Test	21.801	21.667	22.042	24.431	24.339	24.229	14.190	14.175	14.142	12.733	12.749	12.675
Likelihood	3658.047	3658.505	3649.459	3901.796	3894.323	3893.906	3977.649	3979.685	3973.815	3872.480	3872.691	3865.868

商业信用供给水平（St_credit）：

高金融发展地区（Inno1）VS 低金融发展地区（Inno1）Chi2: 15.28***

高金融发展地区（Inno2）VS 低金融发展地区（Inno2）Chi2: 11.34***

高金融发展地区（Inno3）VS 低金融发展地区（Inno3）Chi2: 20.01***

商业信用供给净额（Nst_credit）：

高金融发展地区（Inno1）VS 低金融发展地区（Inno1）Chi2: 15.83***

高金融发展地区（Inno1）VS 低金融发展地区（Inno1）Chi2: 14.40***

高金融发展地区（Inno1）VS 低金融发展地区（Inno1）Chi2: 17.13***

注：同表6-3。

那么，公司内部核心技术员工股权激励如何影响企业商业信用供给？创新企业内部核心技术员工股权激励究竟通过"信号传递效应"还是客户对创新的"风险规避效应"影响商业信用供给？首先，由于创新企业内核心技术员工是经验、知识和技术创造的重要主体，是企业在研发、设计、制造、营销、服务等环节上的核心竞争力的载体和执行者，他们拥有专门技术、掌握核心业务、控制关键资源，对企业的经营和发展能产生重要影响，并且核心技术员工处在公司委托代理链条的最基层，因此对公司核心技术人员实施股权激励更能从根本上减少公司代理成本，提高创新能力（姜英兵和于雅萍，2017），而基于创新的高资本投入特性，为保障公司创新活动顺利开展，上游创新企业更有动机减少对外提供商业信用。其次，从供应链下游客户企业出发，由于创新企业内部核心技术员工股权激励能对外释放公司重视创新的积极信号，吸引更多市场关注，预示着公司未来实际业绩与市场预期之间差距将变得更小（储溢泉等，2020），对核心技术员工股权激励更能提高上游创新企业的创新能力、提高公司绩效（于换军，2018），此时为保持和上游创新企业的良好合作关系，下游客户业也更有动机主动降低对上游创新企业的商业信用供给要求。综上所述，创新企业内对核心技术员工实施股权激励将弱化创新策略与商业信用供给之间的正向关系，核心技术员工股权激励通过"信号传递效应"影响创新策略与商业信用供给之间的关系。

考虑到对核心技术员工实施股权激励的公司本身具有一些特性，即恰巧核心技术员工股权激励的公司对外提供了较少的商业信用，而非实施股权激励降低商业信用供给。为解决以上样本自选择偏差导致的内生性问题，将当年对核心技术员工实施股权激励的公司定义为处理组样本，反之则定义为控制组样本，按最近邻有放回1：1匹配的方法在控制组中针对实施核心技术员工股权激励的样本进行倾向得分匹配（PSM），并将匹配后支持共同支撑域的实验组和控制组样本分别按模型（6-1）进行回归分析，此处由于实验组和控制组样本数量不一致，故使用 Chow 检验完成以上为实验组和控制组创新策略回归系数的组间差异。需要说明的是，PSM

匹配时为更精确地对实验组样本进行匹配，借鉴吕长江等（2011）、陈胜蓝和刘晓玲（2018，2019）的做法，同时对是否实施股权激励和商业信用供给的因素加以控制。具体为：公司规模（Size）、企业自由现金流（Fcf）、企业盈利能力（Roe）、企业年龄（Age）、产权性质（State）、公司成长性（Growth）、银行借款（Bank）、股权集中度（Top1）、董事长和总经理是否两职合一（Dual），并将董事长或总经理的教育水平 Education 考虑到是否对员工实施股权激励的影响因素中。

表 6-10 显示了通过 Logit 模型估计倾向得分，按照 1∶1 的比例有放回进行匹配，并施加"共同支持"（Common Support）条件的平衡性检验结果。从中可以看出，匹配后实验组和控制组协变量均不存在显著差异：

表 6-10　PSM 匹配后平衡性检验

变量	均值		T 检验	
	实验组	控制组	T 值	P 值
Size	22.023	21.998	0.440	0.663
Fcf	0.063	0.065	−0.860	0.388
Roe	0.107	0.111	−0.850	0.393
Age	1.663	1.625	0.980	0.325
State	0.835	0.839	−0.240	0.812
Growth	0.404	0.398	0.730	0.465
Bank	0.126	0.124	0.430	0.664
Top1	34.128	34.467	−0.520	0.604
Dual	0.357	0.328	1.390	0.166
Education	3.466	3.450	0.400	0.690

表 6-11 显示经过 PSM 有放回 1∶1 最近邻匹配后，实施核心技术员工股权激励实验组和非实施核心技术员工股权激励控制组，创新策略（Inno1、Inno2 和 Inno3）对商业信用供给水平（St_credit）、商业信用供给净额（Nst_credit）的影响结果，从中可以看出，实验组中创新策略与商业信用供给（St_credit 和 Nst_credit）不再显著正相关，或显著性明显降

表6-11 核心技术员工股权激励、创新策略与商业信用供给的回归分析结果

变量	商业信用供给水平 (St_credit)						商业信用供给净额 (Nst_credit)					
	实验组：核心技术员工股权激励组			控制组：非核心技术员工股权激励组			实验组：核心技术员工股权激励组			控制组：非核心技术员工股权激励组		
	(1)	(2)	(3)	(4)	(5)	(6)	(7)	(8)	(9)	(10)	(11)	(12)
_cons	0.823***	0.859***	0.767***	0.631***	0.624***	0.609***	0.617***	0.652***	0.567***	0.421***	0.421***	0.404***
	(6.77)	(7.14)	(6.29)	(13.75)	(13.52)	(13.42)	(5.79)	(6.23)	(5.29)	(8.88)	(8.83)	(8.63)
Inno1	0.001			0.010***			0.001			0.007***		
	(0.44)			(5.66)			(0.43)			(4.11)		
Inno2		0.006			0.011***			0.006*			0.008***	
		(1.55)			(4.90)			(1.71)			(3.87)	
Inno3			-0.005			0.010***			-0.005			0.007***
			(-1.27)			(5.08)			(-1.34)			(3.48)
Size	-0.034***	-0.036***	-0.031***	-0.024***	-0.024***	-0.023***	-0.024***	-0.026***	-0.022***	-0.014***	-0.014***	-0.013***
	(-6.03)	(-6.42)	(-5.55)	(-11.27)	(-11.04)	(-10.89)	(-4.97)	(-5.43)	(-4.45)	(-6.64)	(-6.60)	(-6.33)
Fcf2	-0.503***	-0.498***	-0.505***	-0.382***	-0.386***	-0.379***	-0.626***	-0.622***	-0.628***	-0.465***	-0.468***	-0.464***
	(-2.71)	(-2.70)	(-2.70)	(-5.78)	(-5.82)	(-5.74)	(-3.94)	(-3.93)	(-3.95)	(-6.87)	(-6.89)	(-6.89)

续表

| 变量 | 商业信用供给水平（St_credit） | | | | | | 商业信用供给净额（Nst_credit） | | | | | |
| | 实验组：核心技术员工股权激励组 | | | 控制组：非核心技术员工股权激励组 | | | 实验组：核心技术员工股权激励组 | | | 控制组：非核心技术员工股权激励组 | | |
	(1)	(2)	(3)	(4)	(5)	(6)	(7)	(8)	(9)	(10)	(11)	(12)
Roe	0.265***	0.260***	0.267***	0.231***	0.232***	0.231***	0.390***	0.385***	0.392***	0.260***	0.261***	0.260***
	(2.76)	(2.73)	(2.78)	(7.28)	(7.30)	(7.30)	(4.47)	(4.43)	(4.50)	(8.11)	(8.12)	(8.17)
Age	0.002	0.002	0.002	-0.009*	-0.009*	-0.009*	0.010	0.010	0.010*	0.002	0.002	0.002
	(0.35)	(0.32)	(0.36)	(-3.66)	(-3.64)	(-3.53)	(1.63)	(1.60)	(1.65)	(0.63)	(0.64)	(0.71)
State	-0.006	-0.006	-0.006	0.009*	0.009*	0.009*	0.004	0.004	0.004	0.009*	0.009*	0.009*
	(-0.51)	(-0.49)	(-0.54)	(1.83)	(1.85)	(1.82)	(0.37)	(0.39)	(0.34)	(1.82)	(1.84)	(1.82)
Growth	0.286***	0.288***	0.283***	0.257***	0.257***	0.256***	-0.208***	-0.205***	-0.210***	-0.246***	-0.246***	-0.247***
	(6.25)	(6.31)	(6.17)	(14.04)	(14.01)	(13.96)	(-4.70)	(-4.64)	(-4.76)	(-13.13)	(-13.10)	(-13.19)
Bank	-0.232***	-0.231***	-0.236***	-0.223***	-0.224***	-0.224***	0.217***	0.218***	0.214***	0.220***	0.219***	0.219***
	(-4.60)	(-4.56)	(-4.69)	(-10.50)	(-10.54)	(-10.52)	(4.43)	(4.46)	(4.38)	(10.00)	(10.00)	(9.96)
Inv	-0.093**	-0.094**	-0.090**	-0.123***	-0.123***	-0.124***	-0.156***	-0.157***	-0.153***	-0.092***	-0.091***	-0.092***
	(-2.22)	(-2.25)	(-2.16)	(-6.22)	(-6.21)	(-6.24)	(-3.55)	(-3.57)	(-3.51)	(-4.89)	(-4.88)	(-4.92)

续表

变量	商业信用供给水平 (St_credit)						商业信用供给净额 (Nst_credit)					
	实验组：核心技术员工股权激励组			控制组：非核心技术员工股权激励组			实验组：核心技术员工股权激励组			控制组：非核心技术员工股权激励组		
	(1)	(2)	(3)	(4)	(5)	(6)	(7)	(8)	(9)	(10)	(11)	(12)
Year	控制	控制	控制	控制	控制	控制	控制	控制	控制	控制	控制	控制
Industry	控制	控制	控制	控制	控制	控制	控制	控制	控制	控制	控制	控制
N	1039	1039	1039	11921	11921	11921	1039	1039	1039	11921	11921	11921
F-Test	8.556	8.781	8.535	36.785	36.454	36.747	7.042	7.000	7.358	21.883	21.908	21.889
Likelihood	927.338	928.513	928.203	10741.680	10730.582	10724.254	992.463	993.659	993.255	11181.512	11180.713	11170.881

商业信用供给水平 (St_credit)

核心技术员工股权激励（Inno1）VS 非核心技术员工股权激励（Inno1）Chow Test: 2.56***

核心技术员工股权激励（Inno2）VS 非核心技术员工股权激励（Inno2）Chow Test: 2.42***

核心技术员工股权激励（Inno3）VS 非核心技术员工股权激励（Inno3）Chow Test: 2.80***

商业信用供给净额 (Nst_credit)

核心技术员工股权激励（Inno1）VS 非核心技术员工股权激励（Inno1）Chow Test: 2.45***

核心技术员工股权激励（Inno2）VS 非核心技术员工股权激励（Inno2）Chow Test: 2.38***

核心技术员工股权激励（Inno3）VS 非核心技术员工股权激励（Inno3）Chow Test: 2.61***

注：回归系数均经过 Margins 调整后的边际效应。括号内为经过异方差调整和公司层面 Cluster 之后的 t 统计量；*、**和***分别表示在10%、5%和1%水平上显著。实验组和控制组组间创新策略系数差异为 Chow 检验结果。

低，而控制组中创新策略与商业信用供给变量（St_credit 和 Nst_credit）依然在 1% 的显著性水平保持正相关，同时 Chow 检验表明以上实验组和控制组创新策略对商业信用供给的回归系数在 1% 的显著性水平存在差异，控制组的回归系数显著大于实验组，综合以上分析，对核心技术员工实施股权激励对外传递了企业开展创新的积极信号，能够弱化企业创新策略与商业信用供给之间的正向关系。

第六节 小结与建议

一、小结

针对企业商业信用决策，现有文献大多认为获得商业信用能显著缓解企业融资压力，提升企业创新水平。而实际中，企业技术创新一定程度上也反向影响了企业商业信用决策，基于企业创新的信号传递和客户对创新的风险规避效应，本章系统考察了创新策略对商业信用供给的作用机制，研究发现，在不考虑外界融资环境及企业内部激励机制条件下，创新策略正向影响商业信用供给，与策略性创新相比，企业进行实质性创新对外提供的商业信用更多，该结论支持创新影响商业信用供给的客户风险规避效应。进一步研究发现，金融发展和核心技术员工股权激励显著弱化了创新策略与商业信用供给的正向关系，地区金融发展水平的提高和在企业内对核心技术员工实施股权激励，能通过提高企业内公司治理水平、增强创新企业与外界的信息透明度，降低客户企业为规避上游企业创新失败导致自身受损而要求提供商业信用的动机，相比低金融发展地区和未实施核心技术员工股权激励的企业，高金融发展地区和实施核心技术员工股权激励的企业因创新对外提供的商业信用显著降低，此时创新影响商业信用供给的信号传递效应占优。

二、建议

根据以上研究结论得到以下建议：第一，在不考虑其他因素时企业创新策略通过客户的风险规避效应正向影响商业信用供给，因此，现阶段应通过政策制定，营造更加公平、透明的企业营商环境，加大对企业专利申请的法律保护力度，降低交易双方之间的信息不对称程度，弱化供应链中风险规避效应下客户企业因担心上游企业创新失败造成损失而要求提供商业信用的动机，提高创新企业的资金回笼速度支持持续创新。第二，地区金融发展和核心技术员工股权激励能弱化创新策略与商业信用供给的正向关系，为此，现阶段在实践中，一方面，要深化金融改革、推动区域金融发展，缓解创新型企业面临的融资困境，提高企业创新积极性，推动技术进步和产业转型升级；另一方面，企业内部要完善对有真才实学、掌握核心技术员工的激励机制，企业应该借助核心技术员工股权激励计划防止核心员工的流失，激发人力资本的创新功效，提升企业的创新质量。

第七章 结论与建议

第一节 结论

　　本书基于行为金融学中投资者有限理性理论、传统财务学中投资理论，立足资本市场与企业财务决策之间的联动性关系，聚焦国家依靠创新推动经济转型的战略需求，以及企业创新水平和创新质量有待提升的现实需求，打破了现有研究从单一学科范畴关注企业创新问题的局限，将行为金融学、行为财务学、传播学等多学科知识纳入统一框架，基于资本市场与企业财务决策之间的联系，突破传统财务学框架下管理层理性决策的单一情境模式，将投资者异质信念置于管理层理性与非理性双重情境中，研究了投资者异质信念对企业创新行为的影响、影响机制及经济后果。研究结果表明，在管理层理性情境下，投资者异质信念增强会促进企业创新。当媒体对企业关注度较高时，投资者异质信念对企业创新投入促进作用越突出。进一步研究发现，投资者异质信念通过"融资成本效应"而不是"流动性效应"影响机制促进企业创新。"融资成本效应"的发挥在不同融资约束程度的企业中存在差异，融资约束程度越强的企业，"融资成本效应"越明显。拓展性检验发现，相比常规式创新，投资者异质信念通过融资成本效应影响机制更多地促进了企业探索式创新的增加，最终提升了企业价值。在管理层非理性情境下，投资者异质信念通过激发管理层悲观情绪效应抑制了企业创新，多源媒体对企业的报道态度异质性强化了这种抑制作用。相比传统新闻媒体，网络新闻媒体报道态度异质性更能强化投资者异质信念对企业创新的抑制作用。此外，投资者异质信念激发的管理层悲观情绪效应的发挥，受到股权分散程度的正向影响和高管异质性的负向影响。投资者异质信念通过管理层情绪效应抑制了企业探索式创新和常规式创新，对探索式创新影响更大，最终降低企业价值。

针对企业商业信用决策，现有文献大多认为获得商业信用能显著缓解企业融资压力，提升企业创新水平。而实际中，企业技术创新一定程度上也反向影响了企业商业信用决策，基于企业创新的信号传递和客户对创新的风险规避效应，本书系统考察了创新策略对商业信用供给的作用机制，研究发现，在不考虑外界融资环境及企业内部激励机制条件下，创新策略正向影响商业信用供给，与策略性创新相比，企业进行实质性创新对外提供的商业信用更多，该结论支持创新影响商业信用供给的客户风险规避效应。进一步研究发现，金融发展和核心技术员工股权激励显著弱化了创新策略与商业信用供给的正向关系，地区金融发展水平的提高和在企业内对核心技术员工实施股权激励，能通过提高企业内公司治理水平、增强创新企业与外界的信息透明度，降低客户企业为规避上游企业创新失败导致自身受损而要求提供商业信用的动机，相比低金融发展地区和未实施核心技术员工股权激励的企业，高金融发展地区和实施核心技术员工股权激励的企业因创新对外提供的商业信用显著降低，此时创新影响商业信用供给的信号传递效应占优。

第二节 建议

基于上述结论，本书提出以下建议：

一、对监管机构的建议

第一，在管理层理性情境下，投资者异质信念对企业创新有积极作用，监管层应客观认知投资者异质信念这一投资者有限理性特征。投资者异质信念通过"融资成本效应"机制传导促进的探索式创新会提升创新价值，意味着投资者异质信念并非只有扰动资产价格的不利方面，它对企业创新也有"好"的一面，应减少或者适度干预投资者异质信念。当然这一结论是基于我国资本市场融资融券制度并没有实质性放松卖空限制的背景下得出的，在融券规模尚远低于融资规模的阶段，对投资者异质信念不能过度干预，在一定程度上应该允许投资者异质信念的适度活跃。当融券规模持续增大时要注意对投资者异质信念调控到可控范围内。因为它可能导致资产价格的过度波动，增加市场的不稳定性。因此，监管层在认识到投资者异质信念对企业创新的积极影响的同时，也应当意识到其可能带来的风险。监管层需要密切关注市场动态，适时调整监管策略，包括加强对融资融券活动的监管，确保其不会引发市场过度投机行为；同时，监管层也应当对信息披露进行监管，降低投资者与上市公司之间的信息不对称，缓解投资者异质信念，使投资者能够更好地理解市场机制，识别和评估投资风险，从而做出更加理性的投资决策。总之，监管层在面对投资者异质信念这一现象时，应当采取客观和理性的态度，既要认识到其对企业创新的积极作用，也要关注其可能带来的风险。通过合理的监管措施引导投资者异质信念在促进市场健康发展和企业创新中发挥积极作用。

第二，在卖空限制没有实质性放松的情况下，投资者异质信念没有通过股票流动性效应影响企业创新。证券市场监管机构应积极完善融资融券制度，进一步扩大融券规模，促进股票市场的卖空限制实质性放松。当卖空限制实质性放松后，投资者异质信念能通过提高股票流动性促进企业创新。融资融券制度推出的本意是放松卖空限制，但现实中融资融券规模不平衡的状况长时间没有得到改善，应适当放松融券门槛，这包括降低融券的初始保证金要求、简化融券流程、提高融券的便利性等。通过这些措施，可以增加融券的供应量，从而促进融资融券规模向平衡状态发展，这将有利于提高股票市场的流动性。流动性的提高意味着投资者能够更容易地买卖股票，这将减少交易成本，提高市场效率。对于企业而言，更高的流动性意味着其股票价格能够更准确地反映其内在价值，这有助于企业吸引更多的投资者关注和投资，为创新活动提供资金支持。同时，监管机构还应当加强对融资融券活动的监管，确保市场的公平性和透明度。这包括加强对融券交易的监控，防止操纵市场和内幕交易等不法行为。通过有效的监管，可以维护市场的稳定，保护投资者的利益，为企业创新提供良好的融资环境，对资本市场还是对实体企业创新都有重要作用。

第三，在管理层非理性情境下，投资者异质信念通过管理层情绪效应抑制了企业创新，且对探索式创新影响更为明显，最终降低了企业价值，用经验证据证明了探索式创新对企业价值提升至关重要。由此，创新监管部门应加强与国家知识产权局信息平台对接，大数据动态精准跟踪企业创新专利申请类型数据，及时发现企业创新活动的潜在问题，及时问询和适当干预企业常规式创新申请行为。通过这种方式，监管部门可以更有效地识别那些在创新方面表现不佳的企业，为其提供必要的指导和支持。还应当考虑如何降低企业创新的门槛，如简化创新项目的审批流程，提供创新成果的快速转化通道等。这些措施将有助于激发企业的创新活力，促进创新成果的商业化。此外，创新政策制定部门应当根据企业创新的不同类型，分类出台相应的激励政策。这些政策应当特别关注探索式创新，因为这类创新往往能够带来突破性的技术进步和市场变革。政策制定者可以通过提供税收优惠、研发补贴、知识产权保护等措施，鼓励企业进行高风险的探索式创新，促进企业价值提升，助力创新型国家战略的实现。

第四，投资者异质信念是影响企业创新行为的重要因素，监管机构应加强对投资者教育，提高投资者的信息处理能力和投资决策的理性水平。监管机构在实施投资者教育时采取多样化的策略和方法至关重要，这不仅能够确保教育内容的广泛覆盖，还能针对不同投资者群体的特点进行定制化教育。一是线上和线下培训课程。监管机构可以开发一系列线上课程，利用网络平台的便利性，让投资者能够随时随地学习金融知识。这些课程可以包括视频讲座、互动问答、模拟交易等多种形式，以提高学习的趣味性和实用性。线下培训则可以提供更为深入和个性化的学习体验。监管机构可以组织专题研讨会，邀请行业专家和学者进行面对面的讲解和答疑，使投资者能够更直接地获取信息和建议。二是研讨会和工作坊。定期举办的研讨会可以让投资者与行业内的专业人士进行交流，了解最新的市场动态和投资策略。工作坊则可以提供实践操作的机会，如模拟股票交易、风险管理实践等，帮助投资者将理论知识转化为实际操作能力。三是与教育机构合作。监管机构可以与中小学、大学以及职业培训机构合作，将金融知识纳入教育体系。通过在学校开设金融课程，可以从小培养学生的金融素养，为他们未来的投资生涯打下坚实的基础。四是媒体和社交平台的利用。监管机构可以通过电视、广播、报纸等传统媒体以及社交媒体、博客、论坛等新兴平台，发布投资者教育材料。这些材料应当包括市场分析、投资策略、风险管理等实用信息以及投资者保护相关的法律法规。利用社交媒体的互动性，监管机构可以建立投资者社区，鼓励投资者之间的交流和分享，形成一个积极的学习氛围。五是教育内容的实用性和针对性。在教育内容的设计上，监管机构应当考虑投资者的不同需求和背景。例如，对于新手投资者，可以提供基础的金融概念和投资工具的介绍；对于有经验的投资者，则可以提供深入的市场分析和策略研究。投资者教育还应当包括投资心理和行为金融学的内容，帮助投资者理解市场情绪、群体行为对投资决策的影响，以及如何避免常见的投资陷阱。六是持续的投资者教育体系。监管机构应当建立一个长期的投资者教育计划，定期更新教育内容，以适应市场的变化和投资者的需求。这包括定期评估教育活动的效果，收集投资者的反馈，以及根据反馈进行调整和改进。通过持续的教育和培训，投资者的理性水平将逐步提高，市场的整体素质也将得到提升。这不仅有助于提高投资者的自我保护能力，还能促进金融市场的健康发展。

综上所述，监管机构在实施投资者教育时，应当采取多元化的方法，结合线上和线下资源，与教育机构合作，利用媒体和社交平台，以及注重教育内容的实用性和针对性。通过建立持续的投资者教育体系，监管机构能够有效地提高投资者的信息处理能力和投资决策的理性水平。

二、对企业的建议

第一，投资者异质信念是影响企业创新行为的重要因素，因此，企业在面对资本市场的复杂环境时，必须保持对投资者行为的敏锐洞察力，特别是在媒体关注度较高时期。这是因为投资者的异质信念，即不同投资者对同一资产未来收益的不同预期，可能会通过影响企业管理层的决策对企业的创新活动产生重要影响。因此，企业应当采取一系列措施，以准确识别和应对投资者的异质信念，从而在资本市场中保持竞争力并推动企业价值的提升。首先，企业应当建立一个专门的团队或部门，负责监测和分析反映投资者异质信念的各种指标，以及密切关注投资者在社交媒体和论坛上的活跃度和言论。这些指标包括但不限于分析师预测分歧度、换手率、收益波动率、未预期交易量、股票成交量等。通过这些指标，企业可以了解市场对企业未来表现的不同预期，以及这些预期可能对企业股价和融资成本的影响。社交媒体包括但不限于股吧、雪球网、东方财富网等平台上的投资者发帖和评论，往往能够反映出投资者对企业的看法和情绪。企业可以通过这些信息，了解投资者的异质信念，并据此调整自己的沟通策略和市场定位。其次，在融资策略方面，应当建立一个灵活的财务规划体系，以便在市场条件变化时迅速调整融资计划，如利用融资成本较低的时机加大融资力度。包括对市场利率、汇率、宏观经济政策等因素的持续监

控，以及对企业现金流和财务健康状况的定期评估。通过这种灵活的财务
规划，企业可以在投资者异质信念变化时及时调整融资策略，如除了传统
的债务融资和股权融资以外，可以通过发行可转换债券、优先股等创新金
融工具来吸引资金。通过低成本融资，企业可以缓解实质性创新所面临的
融资困境，为研发和创新活动提供稳定的资金支持。

第二，管理层非理性情境下，投资者异质信念通过管理层悲观情绪传
导，抑制企业创新进而损害了企业价值，这意味着投资者异质信念和管理
层悲观情绪对企业创新是不利的。由此，弱化这两类对企业创新不利的因
素至关重要。尽管投资者异质信念和管理层情绪都是作为人的无法避免的
非理性特征，但是可以积极干预和控制。例如，投资者可以加强认知判断
能力改善认知偏差，管理层可以按照管理心理学中洛萨达比例的要求，将
好情绪和坏情绪的比例尽量控制到 3：1（每三次积极情绪中有一次消极
情绪，能保持积极态度和积极行动）进行日常情绪管理。具体而言，一
是定期的情绪反馈会议。管理层可以定期组织会议，让团队成员有机会分
享自己的感受和情绪。这种开放的沟通环境既有助于识别和解决潜在的情
绪问题，也能够增强团队的凝聚力和信任。二是心理咨询服务。企业可以
提供心理咨询服务，帮助管理层和员工处理个人和职业生活中的压力。专
业的心理咨询师可以提供策略和工具，帮助管理层更好地理解和管理自己
的情绪。三是压力管理培训。企业可以定期举办压力管理培训，教授管理
层如何识别和应对压力。这些培训通常包括冥想、深呼吸、时间管理等技
巧，帮助管理层在面对投资者异质信念时保持冷静和专注。四是情绪意识
提升。管理层可以通过阅读、研讨会、在线课程等方式提升自己的情绪意
识。了解情绪的来源和影响，以及如何有效地表达和处理情绪，这些对于
保持积极情绪至关重要。五是积极情绪的培养。管理层可以通过参与团队
建设活动、庆祝成功、设定和实现个人目标等方式，培养和维持积极情
绪。这些活动可以帮助管理层保持动力和热情，即使在面对挑战时也能保
持积极态度。六是情绪支持网络。建立一个可靠的支持网络，包括家人、
朋友和同事，可以在情绪低落时提供支持和鼓励。这种社会支持对于管理

层在面对投资者异质信念时保持积极情绪具有重要作用。通过以上措施缓解管理层对投资者异质信念的情绪化认知，当资本市场上投资者异质信念较强时，管理层更要有意识加强情绪管理，控制消极情绪，积极理性地做出创新决策。

第三，投资者异质信念激发的管理层悲观情绪效应的发挥，受到高管异质性的负向影响，意味着高管团队成员职业背景异质性对投资者异质信念激发的管理层悲观情绪效应有抑制作用。企业应增强团队成员职业背景的异质性，将来自不同行业、具有不同专业技能和经验的成员纳入高管团队。可以采用以下措施：一是多元化招聘策略。企业从外部引入高管时要重视多元化招聘策略。多元化招聘策略是构建多元化团队的基石，它要求企业在招聘过程中超越传统的招聘模式，积极寻求来自不同行业和具有多样化专业背景的候选人。这种策略的核心在于认识到多样性的价值，并将其作为企业竞争力的关键因素。企业在发布招聘广告时，应明确表示对不同背景候选人的欢迎态度。这意味着招聘广告内容不仅要列出具体的职位要求，还要强调企业对多样性的重视，以及对候选人潜力和学习能力的看重。通过这种方式，企业可以吸引那些具有不同经验和技能的候选人，从而为团队带来新的视角和想法。在面试和选拔过程中，企业应确保候选人的多样性，避免因为无意识的偏见而错失优秀的候选人。这可能需要企业在面试团队中引入多元化的成员，以确保不同的观点和背景得到充分的考虑。此外，企业可以通过结构化面试和标准化的评估流程，减少主观偏见对招聘决策的影响。企业可以通过与不同行业的组织合作，或者在专业论坛和会议上寻找潜在的候选人，以拓宽招聘渠道。这种跨行业的合作可以帮助企业接触到更广泛的人才库，增加招聘的多样性。例如，企业可以与行业协会、大学和研究机构建立合作关系，通过这些渠道发现具有创新思维和专业技能的人才。二是培养和选拔多元化的领导人才。企业应投资于领导力发展项目，特别是针对那些具有不同背景的员工。这些项目可以帮助员工提升管理技能，同时培养他们的领导潜力。企业还应在选拔管理层时，考虑候选人的多样性背景。企业应建立一个多元化的选拔机制，确保所有候选人都有机会展示其领导潜力。这可能包括结构化的面试、行为评估、360度反馈以及跨部门评估。通过这种多元化的评估方法，企业可以更全面地了解候选人的领导能力和潜力。企业应投资于领导力发展项目，这些项目应特别针对具有不同背景的员工。这些项目可以包括管理培训、领导力研讨会、导师制度以及国际交流项目。通过这些项目，员工不仅能够提升其管理技能，还能够培养他们的领导潜力。三是评估和监控多样性。企业应制定一系列政策，包括招聘、晋升、薪酬和福利等方面。这些政策应确保所有员工，无论其背景如何，都有平等的机会和待遇。企业还应建立机制来监督这些政策的执行情况，并定期评估其效果。例如，企业应定期评估其领导力发展项目和选拔机制的有效性，并根据反馈进行调整。这包括收集员工的反馈、分析项目的影响以及监测管理层多样性的变化。此外，企业还应定期评估管理层团队的多样性，并监控其对企业绩效的影响，这可以通过收集和分析相关数据以及进行员工满意度调查来实现。四是建立包容性文化。企业应建立一种包容性的文化，鼓励所有管理层成员尊重和欣赏多样性。这种文化可以通过树立价值观、培训、沟通来实现。具体而言：首先，设定包容性价值观。企业应明确其核心价值观，并将包容性和多样性作为其中的核心部分。这些价值观应体现在企业的使命、愿景和战略目标中，确保所有员工都能理解和接受这些价值观。通过这种方式，企业可以为包容性文化设定基调，并在全公司范围内推广。其次，提供包容性培训。企业应提供包容性培训，帮助管理层成员理解和欣赏多样性的价值。这些培训可以包括文化敏感性、无意识偏见、沟通技巧和冲突解决等方面。通过培训，管理层可以学习如何在多元化的环境中有效沟通和领导，以及如何利用多样性来促进团队的创新和协作。最后，开展开放沟通。开放和透明的沟通是建立包容性文化的关键。企业应鼓励管理层与员工进行定期的沟通，倾听他们的意见和建议。这种沟通可以是正式的会议，也可以是非正式的团队聚会。通过开放沟通，管理层可以更好地理解员工的需求和挑战，从而创造一个支持和尊重多样性的工作环境。

综上所述，对高管团队成员丰富的工作经历带来更广泛的学识、更多元的经验，在面对投资者异质信念时能够博采众长科学决策，不会完全受悲观情绪影响，以做出更加理性的创新决策。

第四，核心技术员工股权激励显著弱化了创新策略与商业信用供给的正向关系，因此，企业应加强对企业内部激励机制的建设，激发员工的创新动力，企业内部要完善对有真才实学、掌握核心技术员工的激励机制，防止核心员工的流失，激发人力资本的创新功效，提升企业的创新质量。具体而言：首先，股权激励是企业内部激励机制的重要组成部分。通过将员工的个人利益与企业的整体利益紧密结合，股权激励能够显著提高员工的忠诚度和归属感。员工作为股东，会更有动力去推动企业的创新和发展，因为他们知道自己的努力将直接影响自己的经济收益。这种机制不仅能够吸引和留住人才，还能够激发员工的主动性和创造性。其次，企业内部应当建立一套完善的评价和奖励体系，以表彰那些在创新方面做出突出贡献的员工。这种体系应当公正、透明，确保所有员工都有机会获得认可和奖励。对于在研发、市场开拓、产品改进等领域取得显著成果的员工，企业应当给予物质和精神上的双重奖励，如奖金、晋升、表彰等。在激励机制的设计上，企业应当考虑员工的个人需求和偏好。不同的员工可能对不同的激励措施有不同的反应。因此，企业应当实施个性化的激励策略，以满足不同员工的需求。这可能包括灵活的工作时间、远程工作的机会、职业发展规划等。对于掌握核心技术的员工，企业应当特别重视其激励和保留。这些员工往往是企业创新的主力军，他们的流失对企业的影响是巨大的。因此，企业应当通过股权激励、项目分红、技术专利奖励等方式，确保这些核心员工的利益与企业的长期发展紧密相连。此外，企业还应当为员工提供持续的职业发展机会和培训资源。通过内部培训、外部研讨会、在线课程等方式，帮助员工提升专业技能和知识水平。这种投资不仅能够增强员工的创新能力，还能够提高员工的满意度和忠诚度，从而降低人才流失率。最后，企业应当建立一个开放和包容的创新文化。企业应当为员工提供一个安全的环境，让他们敢于尝试和犯错。这种文化将有助于激发员工的创新精神，促进企业的整体创新能力。这种文化鼓励员工提出

新的想法和建议，即使这些想法可能存在失败的风险。这意味着企业应当
容忍失败，并将其视为学习和成长的机会。管理层应当明确表示，创新过
程中的失败是可以接受的，员工不会因为尝试新方法而受到惩罚。这种态
度可以减少员工的恐惧感，鼓励他们勇于尝试，即使这意味着可能会失
败。此外，企业应当建立一个支持性的反馈机制，以便员工在创新过程中
获得及时的指导和帮助。这包括定期的进度报告、项目评审会议以及与管
理层的直接沟通。通过这些机制，员工可以了解他们的工作如何与企业的
整体目标相联系，企业可以了解员工需要的资源和支持，包括提供研发资
金、技术设备等。企业还应当建立一个创新实验室或创新团队，专门负责
探索新的想法和解决方案，以帮助员工实现他们的创新想法。

三、对投资者的建议

投资者应提高自身的信息处理能力和投资决策的理性水平，通过提高
自己的认知判断能力来改善认知偏差，避免因异质信念导致的非理性投资
行为。这意味着投资者需要更加理性地处理信息，避免受到过度乐观或悲
观情绪的影响。投资者可以通过多元化的信息来源、定期的财务分析和市
场研究，以及参与投资者教育活动来提高自己的信息处理能力。这样投资
者能够更准确地评估企业的真实价值。具体而言：首先，投资者应当从多
元化的信息来源获取信息。这意味着不仅要关注传统的金融新闻和分析报
告，还应当关注行业动态、宏观经济数据、政策变化等。通过多元化的信
息渠道，投资者可以更全面地了解市场情况，避免因信息单一而产生的偏
见。其次，定期进行财务分析和市场研究是提高投资决策理性的重要手
段。投资者应当学会阅读和分析企业的财务报表，理解其背后的经济含
义。同时，对市场趋势的研究也至关重要，这包括对行业竞争格局、技术
创新、消费者行为等方面的深入分析。通过这些分析，投资者可以更准确
地评估企业的真实价值和未来的盈利潜力。此外，参与投资者教育活动是
提升投资技能的有效途径。许多金融机构和监管机构提供各种投资者教育
课程和研讨会，这些活动旨在帮助投资者理解金融市场的运作机制，提高

风险管理能力。通过这些教育活动，投资者可以学习如何制定合理的投资策略、如何进行有效的资产配置，以及如何利用各种金融工具来实现投资目标。在提高信息处理能力的同时，投资者还应当关注自己的认知偏差。认知偏差是指人们在处理信息和做出决策时的系统性错误。例如，过度自信可能导致投资者高估自己的判断能力，而损失厌恶可能导致投资者在面临损失时做出过于保守的决策。投资者应当意识到这些偏差的存在，并学会如何克服它们。这可能需要投资者进行自我反思，或者寻求专业的心理咨询帮助。最后，投资者应当培养长期投资的心态，避免过度交易和短期投机。长期投资不仅能够降低交易成本，还能够减少市场波动带来的影响。通过长期持有优质资产，投资者可以更专注于企业的基本面，而不是短期的市场情绪。

四、对政策制定者的建议

第一，多源媒体报道态度异质性强化了投资者异质信念对企业创新行为的抑制作用。所以，新闻媒体政策制定部门应通过完善相关法律法规规范新闻媒体市场。新闻媒体监管部门应加强对新闻媒体的数字化监管，通过科技手段对新闻媒体明显带有感情色彩或者带有偏见地报道进行精准识别后进行严厉惩处，强化新闻媒体的社会责任意识。证监会及相关机构应该进一步要求上市公司对其媒体关联情况进行披露，并对上市公司持股的媒体行业子公司的数量和持股比例进行约束，以避免上市公司利用媒体关联关系影响其新闻报道的客观公正。证券交易所应引导投资者理性客观地看待媒体发布的信息，改善投资者因专业能力不足而受到媒体有偏报道影响的问题。

第二，在不考虑其他因素时企业创新策略通过客户的风险规避效应正向影响商业信用供给，因此，现阶段应通过政策制定，营造更加公平、透明的企业营商环境，加大对企业专利申请的法律保护力度，降低交易双方之间的信息不对称程度，弱化供应链中风险规避效应下客户企业因担心上游企业创新失败造成损失而要求提供商业信用的动机，提高创新企业的资金回笼速度支持持续创新。具体而言：首先，政策制定者应当考虑提供财政激励和税收优惠，以鼓励企业进行创新。这些激励措施可以包括研发税收抵免、创新基金、低息贷款等，以降低企业创新的财务成本。通过这些政策，可以减轻企业因创新而面临的财务压力，从而降低其对商业信用的需求。其次，政策制定者应当推动建立更加高效的供应链金融体系。这可以通过发展供应链金融产品，如供应链融资、保理服务等，来提高供应链的资金流动性。这些金融工具可以帮助企业更好地管理现金流，减少对商业信用的依赖，从而降低供应链中的风险规避效应。同时，政策制定者应当加强对企业信用体系的建设。一个健全的企业信用体系可以为企业提供信用评级和信用报告，帮助客户企业评估上游企业的信用状况。这将有助于减少因信息不对称导致的信用风险，降低客户企业对商业信用的需求。最后，政策制定者应当鼓励企业之间的合作和信息共享。通过建立行业协会、产业联盟等平台，企业可以共享市场信息、技术标准和最佳实践，从而降低整个行业的创新风险。这种合作机制可以帮助企业更好地应对市场变化，提高整个供应链的抗风险能力。

第三，地区金融发展和核心技术员工股权激励能弱化创新策略与商业信用供给的正向关系，为此，现阶段在实践中要深化金融改革、推动区域金融发展，缓解创新型企业面临的融资困境，提高企业创新积极性，推动技术进步和产业转型升级。具体而言：首先，深化金融改革是推动地区金融发展的关键。金融改革应当包括完善金融市场体系、发展多层次资本市场、优化金融资源配置、提高金融服务效率等方面。通过这些改革，可以为企业提供更加多元化的融资渠道，降低融资成本，提高融资效率。此外，金融改革应当注重风险管理和监管能力的提升，以防止金融风险的累积和传导。其次，推动区域金融发展是促进地区经济增长的重要途径。政策制定者应当关注金融服务的普惠性和可及性，特别是在经济欠发达地区。通过建立和完善地方金融机构，提供针对性的金融产品和服务，可以更好地满足中小企业和创新型企业的融资需求。同时，政策制定者还应当鼓励金融机构创新金融产品和服务，以适应不同类型企业的需求。一是应当加大对创新型企业的金融支持力度，通过设立专项基金、提供贷款担保、降低融资门槛等方式，缓解创新型企业的融资压力。二是应当鼓励金融机构与创新型企业建立长期合作关系，提供定制化的金融服务。三是政策制定者应当推动金融科技的发展，利用大数据、云计算、人工智能等技术，提高金融服务的智能化和个性化水平。最后，政策制定者应当加强对股权激励政策的研究和指导，确保股权激励计划能够有效实施。这包括提供相关的法律咨询、税务规划、股权结构设计等服务，帮助企业设计合理的股权激励方案。此外，政策制定者还应当关注股权激励实施过程中可能出现的问题，如股权稀释、内部控制风险等，及时进行监管和指导。

五、对学术界和实践界的建议

在金融市场的复杂生态系统中，学术界与监管部门的合作对于推动投资者异质信念、企业创新行为及其经济后果的研究具有重要意义。这种合作模式能够促进理论与实践的结合，为金融市场的健康发展提供坚实的基础。学术界和实践界应继续深化对投资者异质信念、企业创新行为及其经济后果的研究。通过跨学科的研究方法，结合行为金融学、传统财务学和行为财务学的理论，为政策制定和企业实践提供更加科学的理论支持和实证依据。此外，学术界与监管部门还应加强合作，开展关于投资者异质信念和企业创新关系的深入研究。这些研究揭示投资者异质信念如何影响企业创新的具体机制，可以帮助监管部门更好地理解市场动态，制定更加科学合理的监管政策，通过政策干预来缓解这种影响。具体而言：首先，监管部门作为金融市场的管理者，掌握着丰富的市场数据和政策制定经验。他们能够为学术研究提供宝贵的第一手资料，包括市场交易数据、企业财务报告、宏观经济指标等。这些数据对于研究者，是进行实证分析和模型构建的关键资源。通过这些数据，研究者可以更准确地量化投资者异质信念对企业创新行为的影响，以及这些行为对市场稳定性和经济增长的长远影响。同时，监管部门在政策制定和市场监管方面的经验，也为学术研究提供了宝贵的实践背景。研究者可以通过与监管部门的合作，了解政策制定过程中的考量因素，以及政策实施后的实际效果。这种互动可以帮助研究者更好地理解理论模型在现实世界中的应用，以及理论假设与市场实践之间的差异。其次，学术界则可以为监管部门提供理论支持和实证分析。通过深入研究投资者异质信念的形成机制、企业创新行为的经济后果，以及这些因素如何相互作用，学术界可以为监管部门提供科学的决策依据。例如，研究者可以通过实证研究，分析投资者异质信念如何通过影响管理层的决策，进而影响企业的创新投入。这些研究结果可以帮助监管部门识别潜在的市场失灵，如信息不对称、市场操纵等问题，并据此制定相应的监管措施。此外，学术界还可以通过研究投资者教育和投资者保护政策，为监管部门提供改进市场透明度和公平性的建议。通过提高投资者的信息处理能力和风险意识，可以减少投资者异质信念对市场稳定性的不利影响，促进市场的健康发展。最后，在合作过程中，学术界与监管部门应当建立有效的沟通机制，确保信息的及时共享和反馈。监管部门可以定期组织研讨会和工作坊，邀请学者参与，共同探讨市场监管的新问题和新挑战。学术界则可以通过发表研究报告、撰写政策建议书等方式，将研究成果转化为实际的政策建议。

总之，学术界与监管部门的合作对于推动投资者异质信念、企业创新行为及其经济后果的研究具有重要意义。这种合作不仅有助于提高金融市场的效率和稳定性，也能促进企业创新，推动经济的持续健康发展。通过不断的研究和实践，我们可以期待金融市场将更加成熟和高效，为社会创造更多的价值。

参考文献

［1］ Aboody, D. , Lev, B. Information Asymmetry, R&D, and Insider Gains ［J］. The Journal of Finance, 2000, 55 （6）: 2747-2766.

［2］ Acemoglu, D. , Autor, D. Skills, Tasks and Technologies: Implications for Employment and Earnings ［J］. Handbook of Labor Economics, 2011 （4）: 1043-1171.

［3］ Aghion, P. , Van Reenen, J. , Zingales, L. Innovation and Institutional Ownership ［J］. American Economic Review, 2013, 103 （1）: 277-304.

［4］ Autor, D. H. , Dorn, D. The Growth of Low-Skill Service Jobs and the Polarization of the US Labor Market ［J］. The American Economic Review, 2013, 103 （5）: 1553-1597.

［5］ Autor, D. H. , Levy, F. , Murnane, R. J. The Skill Content of Recent Technological Change: An Empirical Exploration ［J］. Quarterly Journal of Economics, 2003, 118 （4）: 1279-1333.

［6］ Baker, M. , Wurgler, J. Investor Sentiment and the Cross Section of Stock Returns ［J］. Journal of Finance, 2006, 61 （4）: 1645-1680.

［7］ Barber, B. M. , Odean, T. All That Glitters: The Effect of Attention and News on the Buying Behavior of Individual and Institutional Investors ［J］. Reviews of Financial Studies, 2008, 21 （2）: 785-818.

［8］ Barberis, N. , Shleifer, A. , Vishny R. A Model of Investor Sentiment [J]. Journal of Financial Economics, 1998, 49 (3): 307-343.

[9] Baron, R. M. , Kenny, D. A. The Moderator - mediator Variable Distinction in Social Psychological Research: Conceptual, Strategic, and Statistical Considerations [J]. Journal of Personality and Social Psychology, 1986, 51 (6): 1173-1182.

[10] Basak, S. Asset Pricing with Heterogeneous Beliefs [J]. Journal of Banking & Finance, 2005, 29 (11): 2849-2881.

[11] Bayar, O. , Chemmanur, T. J. , Liu, M. H. A Theory of Capital Structure, Price Impact, and Long-run Stock Returns under Heterogeneous Beliefs [J]. Review of Corporate Finance Studies, 2015, 4 (2): 258-320.

[12] Boehme, R. D. , Danielsen, B. R. , Sorin, M. S. Short - Sale Constraints, Differences of Opinion, and Over-valuation [J]. Jouranl of Financial and Quantitative Analysis, 2006, 41 (2): 455-487.

[13] Bowen, F. E. , Rostami, M. , Steel, P. Timing is Everything: A Meta-Analysis of the Relationships between Organizational Performance and Innovation [J]. Journal of Business Research, 2010, 63 (11): 1179-1185.

[14] Brav, A. , Jiang, W. , Tian, X. How does Hedge Fund Activism Reshape Corporate Innovation? [J]. Journal of Financial Economics, 2008 (11): 237-264.

[15] Brennan, M. J. , Miksimovic, V. , Zechner, J. Vendor Financing [J]. The Journal of Finance, 1988, 43 (5): 1127-1141.

[16] Bresnahan, T. F. , Trajtenberg, M. General Purpose Technologies "Engines of Growth"? [J]. Journal of Econometrics, 1995, 65 (1): 83-108.

[17] Burrel, B. The Possibilities of an Experimental Method in Investment Research [J]. Journal of Finance, 1951, 6 (2): 211-219.

[18] Chang, X. , Fu, K. , Low, A. , Zhang, W. Non - Executive Employee Stock Options and Corporate Innovation [J]. Journal of Financial Economics, 2015, 115 (1): 168-188.

［19］Chemmanur, T. J. , Hu, G. , Huang, J. K. The Role of Institutional Investors in Public Offering ［J］. Review of Financial Economics, 2011, 23（12）: 4496-4540.

［20］Chen, C. , Chen, Y. , Hsu, P. H. , Podolski, E. J. Be Nice to Your Innovators: Employee Treatment and Corporate Innovation Performance ［J］. Journal of Corporate Finance, 2016（39）: 78-98.

［21］Chesbrough, H. Open Innovation: The New Imperative for Creating and Profiting from Technology ［M］. Harvard Business School Press, 2003.

［22］Christensen, C. M. The Innovator's Dilemma: When New Technologies Cause Great Firms to Fail ［M］. Boston: Harvard Business School Press, 1997.

［23］Cookson, J. A. , Niessner, M. Why Don't We Agree? Evidence from a Social Network of Investors ［J］. Journal of Finance, 2020, 75（1）: 173-228.

［24］De Bondt, W. F. M. , Thaler, R. Does the Stock Market Overreact? ［J］. Journal of Finance, 1985, 40（3）: 793-805.

［25］Diether, K. B. , Malloy, C. J. , Scherbina, A. Differences of Opinion and the Cross Section of Stock Returns ［J］. Journal of Finance, 2002, 57（5）: 2113-2141.

［26］Doidge, C. , Andrew Karolyi, G. , Stulz, R. M. Why do Countries Matter so Much for Corporate Governance? ［J］. Journal of Financial Economics, 2007, 86（1）: 1-39.

［27］Dong, M. , Hirshleifer, D. , Teoh, S. H. Misvaluation and Corporate Inventiveness ［J］. Journal of Financial & Quantitative Analysis, 2021, 56（8）: 2605-2633.

［28］Doukas, J. A. , Kim, C. , Pantzalis, C. Divergence of Opinion and Equity Returns ［J］. Journal of Financial & Quantitative Analysis, 2006, 41（3）: 573-606.

［29］ Emery, G. W. A Pure Financial Explanation for Trade Credit ［J］. The Journal of Financial and Quantitative Analysis, 1984, 19 （3）: 271-285.

［30］ Fang, V. W. , Tian, X. , Tice, S. Does Stock Liquidity Enhance or Impede Firm Innovation? ［J］. The Journal of Finance, 2014, 69 （5）: 2085-2125.

［31］ Feenstra, R. C. Integration of Trade and Disintegration of Production in the Global Economy ［J］. Journal of Economic Perspectives, 1998, 12 （4）: 31-50.

［32］ Feldman, M. P. The Geography of Innovation ［M］. Dordrecht: Springer, 1994.

［33］ Feng, C. , Fay, S. , Kashmiri, S. The Value Relevance of Descriptive R&D Intensity ［J］. Journal of Business Research, 2022 （139）: 1394-1407.

［34］ Ferris, J. S. A Transactions Theory of Trade Credit Use ［J］. The Quarterly Journal of Economics, 1981, 96 （2）: 243-270.

［35］ Frankel, R. Lee, C. Accounting Valuation, Market Expectation, and Cross-sectional Stock Returns ［J］. Journal of Accounting and Economics, 1998, 25 （3）: 283-319.

［36］ Gao, Y. , Mao, C. X. , Zhong, R. Divergence of Opinion and Long-Term Performance of Initial Public Offerings ［J］. Journal of Financial Research, 2006, 29 （1）: 113-129.

［37］ Goetzmann, W. , Kumav, A. Dispersion of Opinion and Stock Returns ［J］. Journal of Financial Markets, 2005, 8 （3）: 324-349.

［38］ Goetzmann, W. , Massa, M. Dispersion of Opinion and Stock Returns ［J］. Journal of Financial Markets, 2005, 8 （3）: 324-349.

［39］ Goetzmann, W. N. , Kumar, A. Why do Individual Investors Hold Under-Diversified Portfolios? ［R］. Yale School of Management, 2005.

［40］ Goos, M. , Manning, A. , Salomons, A. Explaining Job Polarization: Routine-Biased Technological Change and Offshoring [J]. American Economic Review, 2014, 104 (8): 2509-2526.

[41] Grossman, G. M., Helpman, E. Trade, Knowledge Spillovers, and Growth [J]. European Economic Review, 1991, 35 (2): 517-526.

[42] Guariglia, A. Liu, P. To What Extent do Financing Constraints Affect Chinese Firms' Innovation Activities? [J]. Journal of International Review of Financial Analysis, 2014, 36 (18): 223-240.

[43] Hall, B. H., Lerner, J. The Financing of R&D and Innovation [J]. Handbook of the Economics of Innovation, 2010 (1): 609-639.

[44] He, J., Tian, X. Finance and Corporate Innovation: A Survey [J]. Asia-Pacific Journal of Financial Studies, 2018 (47): 165-212.

[45] Henderson, R. M., Clark, K. B. Architectural Innovation: The Reconfiguration of Existing Product Technologies and the Failure of Established Firms [J]. Administrative Science Quarterly, 1990, 35 (1): 9-30.

[46] Hong, H., Stein, J. C. Disagreement and the Stock Market [J]. Journal of Economic Perspectives, 2007, 21 (2): 109-128.

[47] Houge, T., Loughran, T., Suchanek, G., Yan, X. Divergence of Opinion, Uncertainty and the Quality of Initial Public Offerings [J]. Financial Management, 2001, 30 (4): 5-23.

[48] Hou, K. M., Dijk, Y., Zhang. The Implied Cost of Capital [J]. Journal of Accounting and Economics, 2012, 53 (3): 504-526.

[49] Hsu, P. H., Tian, X., Xu, Y. Financial Development and Innovation: Cross-country Evidence [J]. Journal of Financial Economics, 2014, 112 (1): 116-135.

[50] Kahneman, D., Tversky, A. On the Psychology of Prediction [J]. Psychological Review, 1973, 80 (4): 237-251.

[51] Kamien, M., Schwartz, N. Self-Financing of an R&D Project [J]. Journal of American Economic Review, 1978, 68 (3): 252-261.

［52］Katz, L. F. , Murphy, K. M. Changes in Relative Wages 1963 – 1987: Supply and Demand Factors ［J］. Quarterly Journal of Economics, 1992, 107（1）: 35-78.

［53］Keller, K. L. Conceptualizing, Measuring, and Managing Customer-Based Brand Equity ［J］. Journal of Marketing, 1993, 57（1）: 1-22.

［54］Lall, S. Technological Capabilities and Industrialization ［J］. World Development, 1992, 20（2）: 165-186.

［55］Laverty, K. , J. Market Share, Profits and Business Strategy ［J］. Management Decision, 2011, 39（8）: 607-618.

［56］Lazarus, R. S. Progress on a Cogni Tive – Motivational – Relational ［J］. Theory of Emotion. American Psychologist, 1991（46）: 819-834.

［57］Lee, Y. W. , Stowe, J. D. Product Risk, Asymmetric Information, and Trade Credit ［J］. The Journal of Financial and Quantitative Analysis, 1993, 28（2）: 285-300.

［58］Levine, A. Financial Development and Economic Growth: Views and Agenda ［J］. Journal of Economic Literature, 1997, 35（2）: 688-726.

［59］Long, M. S. , Malitz, I. B. , Ravid, S. A. Trade Credit, Quality Guarantees, and Product Marketability ［J］. Financial Management, 1993, 22（4）: 117-127.

［60］Miller, E. M. Risk, Uncertainty, and Divergence of Opinion ［J］. Journal of Finance, 1977, 32（4）: 1151-1168.

［61］Moshirian, F. , Tian, X. , Zhang, B. , Zhang, W. Stock Market Liberalization and Innovation ［J］. Journal of Financial Economics, 2019（1）.

［62］Pavitt, K. Sectoral Patterns of Technical Change: Towards a Taxonomy and a Theory ［J］. Research Policy, 1984, 13（6）: 343-373.

［63］Polk, C. K. , Sapienza, P. The Stock Market and Corporate Investment: A Test of Catering Theory ［J］. Review of Financial Studies, 2009,

22 (1): 187-217.

[64] Porter, M. E. Competitive Advantage: Creating and Sustaining Superior Performance [M]. NY: Free Press, 1985.

[65] Porter, M. E. The Competitive Advantage of Nations [M]. London: Palgrave Macmillan, 1990.

[66] Rogers, E. M. Diffusion of Innovations [M]. New York: Simon and Schuster, 1962.

[67] Rostow, W. The Stages of Economic Growth: A Non-Communist Manifesto [M]. Cambridge University Press, 1960.

[68] Schumpeter, J. A. Theorie der Wirtschaftlichen Entwicklung [M]. Duncker and Humblot, 1912.

[69] Schumpeter, J. A. The Theory of Economic Development: An Inquiry Into Profits, Capital, Credit, Interest, and the Business Cycle [M]. London (U. K.): Transaction Publishers, 1934.

[70] Schumpeter, J. The Theory of Economic Development: An Inquiry into Profits, Capital, Credit, Interest, and the Business Cycle [M]. Cambridge, MA: Harvard University, 1934.

[71] Schwartz, R. A. An Economic Model of Trade Credit [J]. The Journal of Financial and Quantitative Analysis, 1974, 9 (4): 643-657.

[72] Seuring, S., Müller, M. From a Literature Review to a Conceptual Framework for Sustainable Supply Chain Management [J]. Journal of Cleaner Production, 2008, 16 (15): 1699-1710.

[73] Shefrin, H., Statman, M. Behavioral Portfolio Theory [J]. Journal of Finance and Quantitative Analysis, 2000 (2): 127-151.

[74] Shiller, R. J. From Efficient Markets Theory to Behavioral Finance [J]. Journal of Economic Perspectives, 2003 (17): 83-104.

[75] Simon, H. A. A Behavioral Model of Rational Choice [J]. Quarterly Journal of Economics, 1955 (69): 99-118.

［76］Smith, J. K. Trade Credit and Informational Asymmetry ［J］. The Journal of Finance, 1987, 42（4）：863-872.

［77］Solow, R. M. A Contribution to the Theory of Economic Growth ［J］. The Quarterly Journal of Economics, 1956, 70（1）：65-94.

［78］Sougiannis, T. The Accounting Based Valuation of Corporate R&D ［J］. Accounting Review, 2006, 69（1）：44-68.

［79］Stein, J. C. Rational Capital Budgeting in an Irrational World ［J］. The Journal of Business, 1996, 69（4）：429-455.

［80］Teece, D. Profiting from Technological Innovation：Implications for Integration, Collaboration, Licensing and Public Policy ［J］. Research Policy, 1986, 15（6）：285-305.

［81］Tushma, M. L. , Anderson, P. Technological Discontinuities and Organizational Environments ［J］. Administrative Science Quarterly, 1986, 31（3）：439-465.

［82］Womack, J. P. , Jones, D. T. , Roos, D. The Machine that Changed the World ［M］. NY：Rawson Associates, 1990.

［83］巴曙松，朱虹. 融资融券、投资者情绪与市场波动 ［J］. 国际金融研究, 2016（8）：82-96.

［84］白俊，邱善运，刘园园. 银行业竞争与企业超额商业信用供给 ［J］. 经济经纬, 2020, 37（5）：151-160.

［85］毕晓方，翟淑萍，姜宝强. 政府补贴、财务冗余对高新技术企业双元创新的影响 ［J］. 会计研究, 2017（1）：46-52+95.

［86］曹伟，冯颖姣，余晨阳等. 人民币汇率变动、企业创新与制造业全要素生产率 ［J］. 经济研究, 2022, 57（3）：65-82.

［87］曹阳. 股票流动性是否促进研发创新——基于我国医药板块的研究 ［J］. 金融评论, 2015, 6（6）.

［88］陈露，刘修岩. 产业空间共聚、知识溢出与创新绩效——兼议区域产业多样化集群建设路径 ［J］. 经济研究, 2024（4）：78-95.

［89］陈胜蓝，刘晓玲．经济政策不确定性与公司商业信用供给［J］．金融研究，2018（5）：172-190.

［90］陈胜蓝，刘晓玲．中国城际高铁与商业信用供给——基于准自然实验的研究［J］．金融研究，2019（10）：117-134.

［91］陈正林．客户集中、行业竞争与商业信用［J］．会计研究，2017（11）：79-85+97.

［92］程新生，程菲．开发支出与商业信用研究［J］．中国软科学，2016（1）：109-120.

［93］储溢泉，仓勇涛，储一昀．股权激励、市场关注与市场预期实现［J］．上海财经大学学报，2020，22（2）：81-95+137.

［94］崔连广，张玉利，何一清．效果推理理论视角下企业创新与绩效提升机制研究［J］．科学学与科学技术管理，2017，38（9）：68-79.

［95］邓路，周宁．市场时机、反向收购及其经济后果——基于"山煤国际"的案例研究［J］．中国工业经济，2015（1）：147-159.

［96］丁慧，吕长江，陈运佳．投资者信息能力：意见分歧与股价崩盘风险——来自社交媒体"上证e互动"的证据［J］．管理世界，2018（9）：161-171.

［97］范海峰，胡玉明．机构投资者持股与公司研发支出——基于中国证券市场的理论与实证研究［J］．南方经济，2012（9）：60-69.

［98］方军雄，于传荣，王若琪，杨棉之．高管业绩敏感型薪酬契约与企业创新活动［J］．产业经济研究，2016（4）：51-60.

［99］冯根福，刘虹，冯照桢，温军．股票流动性会促进我国企业创新吗？［J］．金融研究，2017（3）：192-206.

［100］冯华，聂蕾，海峰．信息共享水平与供应链能力的相互作用关系研究——基于社会控制的中介效应［J］．南开管理评论，2018（4）：85-92.

［101］顾群，王文文，李敏．经济政策不确定性、机构投资者持股和企业研发投入——基于研发异质性视角［J］．软科学，2020（2）：

21-26.

[102] 郭蕾，肖淑芳，李雪婧等．非高管员工股权激励与创新产
出——基于中国上市高科技企业的经验证据 [J]．会计研究，2019（7）：
59-67.

[103] 韩东林．中国规模以上工业企业创新与绩效——基于 2007 年
全国工业企业创新的调查数据分析 [J]．中国科技论坛，2008（11）：
42-46.

[104] 侯静茹，黎文靖．高管团队薪酬差距激励了企业创新
吗？——基于产权性质和融资约束的视角 [J]．财务研究，2017（5）：
13-21.

[105] 胡海文，马士华．市场感知、协调一致与创新对供应链高适
应性影响的实证研究 [J]．管理学报，2020（1）：131-138.

[106] 姜英兵，于雅萍．谁是更直接的创新者？——核心员工股权
激励与企业创新 [J]．经济管理，2017，39（3）：109-127.

[107] 孔东民，徐茗丽，孔高文．企业内部薪酬差距与创新 [J]．经
济研究，2017，52（10）：144-157.

[108] 黎文靖，郑曼妮．实质性创新还是策略性创新？——宏观产
业政策对微观企业创新的影响 [J]．经济研究，2016，51（4）：60-73.

[109] 李斌，江伟．金融发展、融资约束与企业成长 [J]．南开经济
研究，2006（3）：68-78.

[110] 李林波，刘维奇．投资者情绪与产业结构升级——"投融资
途径"与"信号传递"的视角 [J]．外国经济与管理，2020（2）：
111-123.

[111] 李双建，李俊青，张云．社会信任、商业信用融资与企业创
新 [J]．南开经济研究，2020（3）：81-102.

[112] 李维安，李浩波，李慧聪．创新激励还是税盾？—高新技术
企业税收优惠研究 [J]．科研管理，2016，37（11）：61-70.

[113] 李维安，张立党，张苏．公司治理、投资者异质信念与股票

投资风险——基于中国上市公司的实证研究［J］. 南开管理评论，2012（6）：135-146.

［114］刘宝华，王雷. 业绩型股权激励、行权限制与企业创新［J］. 南开管理评论，2018，21（1）：17-27+38.

［115］刘波，李志生，王泓力，杨金强. 现金流不确定性与企业创新［J］. 经济研究，2017（3）：166-180.

［116］刘民权，徐忠，赵英涛. 商业信用研究综述［J］. 世界经济，2004（1）：66-77+80.

［117］刘啟仁，黄建忠. 产品创新如何影响企业加成率［J］. 世界经济，2016，39（11）：28-53.

［118］刘夏，任声策，杜梅. 数字技术、融合创新对地区全要素生产率影响机理研究［J］. 科学学与科学技术管理，2023（11）：63-78.

［119］刘彦平，王明康. 孵化器运营效率对企业创新行为的影响［J］. 财贸经济，2021，42（5）：127-143.

［120］陆蓉，何婧，崔晓蕾. 资本市场错误定价与产业结构调整［J］. 经济研究，2017（11）：104-118.

［121］陆正飞，杨德明. 商业信用：替代性融资，还是买方市场？［J］. 管理世界，2011（4）：6-14+45.

［122］吕长江，严明珠，郑慧莲等. 为什么上市公司选择股权激励计划？［J］. 会计研究，2011（1）：68-75+96.

［123］马妍妍，俞毛毛，程京京. 资本市场开放促进企业创新了么？——基于陆港通样本的微观证据［J］. 财经论丛，2019（8）：39-52.

［124］孟清扬. 卖空压力对国有企业创新产出的影响［J］. 技术经济，2017（9）：58-67.

［125］孟庆玺，白俊，施文. 客户集中度与企业技术创新：助力抑或阻碍——基于客户个体特征的研究［J］. 南开管理评论，2018，21（4）：62-73.

［126］牛伟宁，刘善存，余湄. 异质信念下的经理人努力水平与公

司投融资策略研究［J］. 管理评论，2017（6）：3-12.

　　［127］蒲文燕，张洪辉. 基于融资风险的现金持有与企业技术创新投入的关系研究［J］. 中国管理科学，2016，24（5）：38-45.

　　［128］卿小权，高升好. 股权再融资宣告效应研究：投资者异质信念视角［J］. 山西财经大学学报，2014（12）：47-58.

　　［129］权小锋，吴世农. 投资者关注、盈余公告效应与管理层公告择机［J］. 金融研究，2010（11）：90-107.

　　［130］权小锋，尹洪英. 投资者注意力、资产定价与内部人自利择机［J］. 外国经济与管理，2015，37（4）：29-40.

　　［131］权小锋，尹洪英. 中国式卖空机制与公司创新——基于融资融券分步扩容的自然实验［J］. 管理世界，2017（1）：128-144.

　　［132］饶品贵，岳衡. 剩余收益模型与股票未来回报［J］. 会计研究，2012（9）：52-58.

　　［133］饶育蕾，蒋波. 行为公司金融：公司财务决策的理性与非理性［M］. 北京：高等教育出版社，2013.

　　［134］沈达勇. 股票流动性、管理层激励与企业技术创新［J］. 西安交通大学学报（社会科学版），2017，5（4）.

　　［135］沈红波，寇宏，张川. 金融发展、融资约束与企业投资的实证研究［J］. 中国工业经济，2010（6）：55-64.

　　［136］苏婧，李思瑞，杨震宁.“歧路亡羊”：政府采购、股票投资者关注与高技术企业创新——基于 A 股软件企业的实证研究［J］. 科学学与科学技术管理，2017（5）：37-48.

　　［137］苏屹，林周周，陈凤妍，雷家骕. 企业家地方政治关联对企业创新意愿影响的实证研究［J］. 管理工程学报，2019，33（1）：134-143.

　　［138］唐清泉，肖海莲. 融资约束与企业创新投资—现金流敏感性——基于企业 R&D 异质性视角［J］. 南方经济，2012（11）：40-54.

　　［139］田轩，孟清扬. 股权激励计划能促进企业创新吗［J］. 南开管

理评论，2018，21（3）：176-190.

[140] 王业雯，陈林．混合所有制改革是否促进企业创新？[J]．经济与管理研究，2017，38（11）：112-121.

[141] 王昱，成力为，安贝．金融发展对企业创新投资的边界影响——基于 HECKIT 模型的规模与效率门槛研究 [J]．科学学研究，2017（1）：110-124.

[142] 温忠麟，叶宝娟．有调节的中介模型检验方法：竞争还是替补？[J]．心理学报，2014，46（5）：714-726.

[143] 温忠麟，张雷，侯杰泰．有中介的调节变量和有调节的中介变量 [J]．心理学报，2006（3）：448-452.

[144] 吴昊旻，王杰，买生．多元化经营、银行信贷与商业信用提供——兼论融资约束与经济周期的影响 [J]．管理评论，2017，29（10）：223-233.

[145] 吴娜，于博．客户集中度、体恤效应与商业信用供给 [J]．云南财经大学学报，2017，33（4）：141-152.

[146] 吴翌琳，于鸿君．企业创新推动高质量发展的路径研究——基于中国制造业企业的微观实证 [J]．北京大学学报（哲学社会科学版），2020，57（2）：105-118.

[147] 肖虹，曲晓辉．R&D 投资迎合行为：理性迎合渠道与股权融资渠道？——基于中国上市公司的经验证据 [J]．会计研究，2012（2）：42-49.

[148] 熊和平，柳庆原．异质投资者与资产定价研究评析 [J]．经济评论，2008（1）：118-122.

[149] 徐寿福．股权激励会强化管理层的迎合动机吗？——来自上市公司 R&D 投资的证据 [J]．经济管理，2017（6）：178-193.

[150] 徐寿福，徐龙炳．信息披露质量与资本市场估值偏误 [J]．会计研究，2015（1）：41-43.

[151] 徐伟呈，刘海瑞，范爱军．数字金融如何驱动高质量经济增

长？——基于技术、资本和劳动力的三重内驱机制 [J]. 投资研究，
2022，41（4）：113-133.

[152] 徐伟，张荣荣，周文梅. 国有控股方治理机制、竞争环境与
R&D 投入 [J]. 中国软科学，2017（10）：184-192.

[153] 许长新，杨李华. 异质性视角下机构投资者影响企业创新的
路径 [J]. 金融经济学研究，2018（6）：67-78.

[154] 许致维，李少育. 投资者异质信念、股权融资现金流与企业过
度投资——来自中国 A 股的经验证据 [J]. 财经研究，2014（7）：86-96.

[155] 姚星，杨孟恺，李雨浓. 商业信用能促进中国制造企业创新
吗？[J]. 经济科学，2019（3）：80-92.

[156] 于换军. 核心技术员工激励与公司绩效 [J]. 金融评论，
2018，10（1）：87-99+126.

[157] 余明桂，李文贵，潘红波. 民营化、产权保护与企业风险承
担 [J]. 经济研究，2013，48（9）：112-124.

[158] 余明桂，钟慧洁，范蕊. 民营化、融资约束与企业创新——
来自中国工业企业的证据 [J]. 金融研究，2019（4）：75-91.

[159] 余威，宁博. 交叉上市、投资者关注与企业创新——基于沪
深 A 股上市公司的实证研究 [J]. 外国经济与管理，2018（1）：50-63.

[160] 岳衡，林小驰. 证券分析师 VS 统计模型：证券分析师盈余预
测的相对准确性及其决定因素 [J]. 会计研究，2008（8）：40-49+95.

[161] 张陈宇，孙浦阳，谢娟娟. 生产链位置是否影响创新模式选
择——基于微观角度的理论与实证 [J]. 管理世界，2020，36（1）：45-
59+233.

[162] 张多蕾，胡公瑾，王治. 融资约束、异质信念与企业投资水
平 [J]. 财经问题研究，2018（7）：78-85.

[163] 张会丽，王开颜. 行业竞争影响企业商业信用提供吗？——来
自中国 A 股资本市场的经验证据 [J]. 中央财经大学学报，2019（2）：64-73.

[164] 张济建，苏慧，王培. 产品市场竞争、机构投资者持股与企

业 R&D 投入关系研究 [J]. 管理评论，2017（11）：89-97.

[165] 张璇，刘贝贝，汪婷，李春涛. 信贷寻租、融资约束与企业创新 [J]. 经济研究，2017，52（5）：161-174.

[166] 张一林，龚强，荣昭. 技术创新、股权融资与金融结构转型 [J]. 管理世界，2016（11）：65-80.

[167] 章铁生，李媛媛. 客户关系型交易、产品独特性与商业信用供给 [J]. 会计与经济研究，2019，33（1）：86-102.

[168] 甄峰. 我国纺织业企业创新与生产率关系的微观测度 [J]. 科研管理，2016，37（2）：29-36.

[169] 钟腾，汪昌云. 金融发展与企业创新产出——基于不同融资模式对比视角 [J]. 金融研究，2017（12）：127-142.

[170] 周泽将，汪顺，张悦. 税制绿色化的微观政策效应——基于企业环保新闻文本情绪数据的检验 [J]. 中国工业经济，2023（7）：103-121.

[171] 庄毓敏，储青青，马勇. 金融发展、企业创新与经济增长 [J]. 金融研究，2020（4）：11-30.

[172] 邹洋，叶金珍，李博文. 政府研发补贴对企业创新产出的影响——基于中介效应模型的实证分析 [J]. 山西财经大学学报，2019，41（1）：17-26.

后　记

在完成这部关于投资者异质信念与企业创新行为的学术专著后，我们深感这一领域的研究不仅充满挑战，而且对于理解现代金融市场和企业行为至关重要。本书的核心议题是探讨投资者异质信念如何影响企业管理层的创新决策，以及这种影响在理性与非理性决策情境下的差异。通过对大量实证数据的分析，我们揭示了投资者异质信念在企业创新过程中的双重作用，既可能通过降低融资成本促进创新，也可能通过激发管理层的悲观情绪抑制创新。在撰写本书的过程中，我们意识到投资者异质信念是一个复杂的现象，它涉及投资者的认知、情绪和信念等多个层面。投资者的有限理性特征，如注意力的有限性、情绪偏差和信念偏差，都在不同程度上影响着他们对企业未来表现的预期。这些预期的差异性即异质信念，不仅影响着股票价格的形成，也深刻地影响着企业管理层的决策行为。本书的研究还表明，管理层的理性与非理性决策情境对投资者异质信念的影响机制有着显著的不同。在理性决策情境下，投资者异质信念通过"融资成本效应"促进了企业的探索式创新，而这种创新往往能够带来长期的竞争优势和市场领导地位。然而，在非理性决策情境下，投资者异质信念通过激发管理层的悲观情绪，可能导致创新活动的减少，从而对企业的长期发展产生不利影响。此外，本书还探讨了多源媒体报道态度异质性对投资者异质信念与企业创新行为关系的影响。我们发现，不同媒体的信息来源和报道角度差异，尤其是在网络新闻媒体中，能够显著强化投资者异质信念对企业创新的抑制作用。这一发现对于理解媒体在金融市场中的作用，以及如何通过媒体监管来促进健康的市场环境具有重要意义。在研究企业创新行为对商业信用供给的影响时，我们发现实质性创新通过客户的风险规避效应正向影响商业信用供给，而策略性创新则相对较弱。这一发现对于理解企业如何在创新和融资之间进行权衡，以及如何通过创新策略来优化商业信用供给具有重要的实践意义。

在本书的撰写过程中，我们也深刻认识到了跨学科研究的重要性。在投资者异质信念与企业创新行为的研究中，我们不仅需要运用金融学和经济学的理论，还需要借鉴心理学、社会学和行为科学等领域的研究成果。这种跨学科的研究方法不仅拓宽了我们的视野，也丰富了我们的研究工具和理论框架，我们学会了如何从不同的角度审视问题，如何构建合理的研究框架，以及如何有效地沟通和表达研究成果。此外，我们也体会到学术研究的严谨性和挑战性。每一次数据分析、每一个假设的提出和验证，都需要我们对现有文献的深入理解，对数据的精确处理，以及对研究结果的批判性思考。这一过程不仅锻炼了我们的研究能力，也让我们更加敬畏科学的力量。科学研究不仅是对数据的简单处理，更是对现象背后深层次逻辑的探索和理解。

我们要感谢所有为本书研究提供支持的同事、朋友和家人。没有他们的鼓励和帮助，我们无法完成这项艰巨的任务。我们也希望本书的研究成果能够为学术界和实践界提供新的视角，为投资者、企业管理层和政策制定者在面对投资者异质信念时提供有益的参考和指导。在未来的研究中，我们期待能够继续探索投资者行为与企业创新之间的复杂关系，为金融市场的健康发展和企业的持续创新贡献力量。

在未来的研究中，我们希望能够进一步深化对投资者异质信念与企业创新行为之间关系的理解。例如，可以探讨投资者异质信念如何影响企业的风险承担行为，以及这种影响在不同市场环境下的变化。此外，还可以研究投资者异质信念对企业并购决策、资本结构选择以及企业社会责任行为的影响。这些研究将有助于我们更全面地理解投资者行为对企业战略决策的影响。同时，也期待能够将本书的研究成果应用于实践，为金融市场的监管和企业创新提供政策建议。例如，可以通过改进融资融券制度，降低投资者异质信念对企业创新的不利影响。我们还可以通过加强媒体监管，减少媒体报道对投资者情绪的过度影响，从而促进市场的稳定和健康发展。

总之，本书的完成标志着我们在投资者异质信念与企业创新行为研究领域的一个新起点。我们将继续在这个领域深耕细作，不断探索和发现新的知识和真理。我们相信，通过不懈的努力和严谨的研究，能够为金融市场的健康发展和企业的持续创新贡献更多的智慧和力量。